◎ 赵慧娥　王志丹 著

Research on Utilization of Foreign Capital for Chinese Agriculture in the Post-crisis Era

国区域可持续发展文库

后危机时代

中国农业利用外资研究

科学出版社
北　京

图书在版编目(CIP)数据

后危机时代中国农业利用外资研究／赵慧娥，王志丹著．—北京：科学出版社

ISBN 978-7-03-035645-1

Ⅰ．①后… Ⅱ．①赵… ②王… Ⅲ．①农业-外资利用-研究-中国 Ⅳ．①F32 ②F832.6

中国版本图书馆 CIP 数据核字（2012）第 225927 号

责任编辑：侯俊琳 杨婵娟／责任校对：包志虹
责任印制：徐晓晨／封面设计：无极书装

科学出版社出版
北京东黄城根北街 16 号
邮政编码：100717
http://www.sciencep.com

北京京华虎彩印刷有限公司 印刷

科学出版社发行 各地新华书店经销

*

2013 年 1 月第 一 版 开本：B5（720×1000）
2016 年 3 月第二次印刷 印张：13
字数：197 000

定价：68.00 元

（如有印装质量问题，我社负责调换）

序　言

鼓励、引进并发展了国外资本在中国农业的投入，是中国经济史上的一件大事。30 多年过去了，其中的规律很值得研究，即使只总结它的涨落得失、经验教训，也是很有意义的。

在过去的 30 多年时间里，对于中国的农业经济而言，存在着两个重要的影响背景：一个是国内实行和稳步发展了市场经济，导致资本与劳动力的流动，使之进入了市场调节的规程，农业经济自由发展的条件具备了；另一个是经济全球化的发展更加明显了，在世界范围内实现资本流动和技术流动，以及资本与劳动力之间的交流，都更容易了。组织管理更加有效，交易成本大大降低。显然，这两个重要的影响背景，对于外资投入中国农业，成了最直接的决定因素，它们决定了中国农业利用外资的出现、生存和发展。中国农业利用外资始于 20 世纪 70 年代末期，其发展进程与中国对外开放进程完全同步。改革开放以来，农业一直是中国鼓励外商投资的重点领域之一，同时，国际条件也明显有利于中国农业对外资的利用，使之从无到有，从小到大，从点到面，逐步发展壮大起来。

经济学的新古典主义模型和发展经济学的原理表明，就一个产业或经济部门来说，资本与劳动力比例的改变，在自由市场条件下，取决于技术的改进；而对于处于工业化经济进程之中的农业来说，资本的涌入，劳动力被替代而流入非农产业，则不仅具有了改造农业技术的意义，也具有了加速经济工业化和加速社会全面发展的意义。无疑，在过去的 30 多年时间里，中国的农业经历了由传统到现代的快速转变，其中，资本和技术的增长，以及它们对劳动力的替代都是很明显的。在这中间，外资的投入是过去很少有的，甚至是根本没有的。外资投入的领域和技术，对于发展中的经济来说，一般都会带有相对的新型性或者新兴性，

其技术不应低于传统技术，否则，会因为效率有限而被排挤出去。由此，人们能够看到，外资利用通常会带来明显的技术进步。对于发展中的农业来说，能够有效地利用外资，不仅会带来农业的技术进步，而且多少也会促进经济和社会的进步。

在赵慧娥和王志丹所著的这部《后危机时代中国农业利用外资研究》里，突出地阐述了这一点，并让人们清楚地看到了中国农业的外资引进和利用给中国经济带来的多方面的效益。出于着眼点集中和科学报告严谨的考虑，本书将研究范围定于“后危机时代”。然而，从研究结果来看，本书所解释和揭示的内容，不仅具有时代特征，而且很多观点具有一般性和规律性。

经济全球化的进程必定遵循哪些规律？其中资本和技术流动必定呈现出怎样的趋势？随着经济工业化和农业小部门化的发展，包括国际资本投入在内的农业资本扩张，应该出现怎样的态势？这些问题，可能会成为后续研究中的重点。

事实表明，只有理论的准确和精确，才会推进研究的深入发展。人们有理由相信，本书的作者，在后续研究里，必定在理论上有更大的进步。

中国人民大学农业经济系教授
国务院第五届学术委员会学科评议组成员
孙中才
2012 年 4 月 6 日

前　言

一、国际背景

1. 后危机时代，世界农产品价格不断上涨引发农业吸引外资的快速增长

外商直接投资作为最活跃的经济活动，已经成为推动世界经济发展的主要动力之一。从全球外商直接投资产业分布情况来看，绝大部分外商直接投资主要集中在第二、第三产业，农业虽然是外商投资介入最早的领域，但与第二、第三产业相比，世界领域内的农业外商直接投资总体增长缓慢且规模相对较小。然而，自 2004 年以来，世界农产品价格不断上涨，特别是后危机时代，世界农产品价格几乎整体出现大幅上涨的趋势，对发展中国家的消费者产生很大影响，因而，从更深程度上激发了全球农业外商直接投资，导致农业利用外资增长迅速。在 20 世纪 90 年代初期，世界农业外商直接投资额年均尚不足 10 亿美元，但在 2005 年至 2011 年期间，世界粮食价格和相关食品价格的不断上涨使得农业领域内外商直接投资大幅增加。目前，由于全球生物能源燃料问题、气候恶化、人口增长等因素，粮食问题很难在短时间内解决，以粮食为代表的农产品价格在短期内不能迅速回落，这种趋势将会进一步带来农业领域内更多的外商投资。

2. 后危机时代，跨国涉农公司操纵农产品市场价格和产业垄断能力不断增强

跨国公司作为国际直接投资最重要的实施者和微观主体，既是世界先进技术的主要生产者和拥有者，又是国际技术市场上的主要传播者，从而成为国际技术转移最主要的载体。跨国涉农公司资本的流入无疑将成为农业获取国外先进技术的重要途径。但与此同时，随着跨国涉农公司由对发达国家的投资逐步转向对发

展中国家的投资，参与发展中国家的农业生产投资与农产品加工贸易，对发展中国家农业的上游及下游产业的控制能力不断增强，跨国涉农公司对东道国的农产品市场价格操纵和贸易垄断能力也在不断增强，农业利用外资的负面作用日益凸显。

在农业的上游产业，跨国涉农公司加强了对农业的生产投入的控制力。例如，在农业种子方面，2006 年全球种子产业收入为 229 亿美元，其中，全球十强跨国种子公司销售收入占全球种子产业收入的 55%。2007 年全球专利种子销售收入为 220.67 亿美元，其中，全球十强跨国种子公司销售收入为 147.85 亿美元，占全球专利种子市场总销售额的 67%，跨国公司的市场份额比 2006 年提升了 3 个百分点。2007 年世界最大的种子公司美国孟山都集团公司（孟山都）份额几乎占到全球私有种子市场的1/3，达到 23%①。在中国，孟山都早在 1996 年、1998 年就分别在河北、安徽成立了合资公司，经营美国转基因棉花品种。该品种年度推广面积不仅在 1999 年和 2000 年连续两年位居国内各品种之首，而且已占到中国转基因棉花面积的 40%～60%；在农业的下游产业，跨国涉农公司在农副食品市场的集中度均在 50% 以上。在用世界最大 4 家公司市场占有率所表示的行业竞争力中，牛肉包装市场集中度最高（占世界市场份额的 84%），其次是豆油压榨（占世界市场份额的 80%）。由此可见，在食物生产、加工及销售环节跨国涉农公司的垄断非同一般。在食物链的各个环节，跨国涉农公司全面纵向一体化和横向一体化，牢牢控制住整个食物体系。这种局面既不利于消费者，也不利于农业生产者，最终将导致利益分配结构越来越有利于操纵市场的跨国公司及巨型食品企业。

二、国内背景

1. 中国农业领域成为外资的投资热点之一

改革开放以来，中国的外商直接投资总体上呈稳步增长的趋势。目前，中国

---

① 张彩霞.2010. 跨国公司农业生物技术垄断、影响及启示. 生态经济，2010（3）：78～80

外商直接投资流入量位居全球第三①，中国内地是亚洲也是所有的发展中经济体中最大的投资目的地之一。中国外商直接投资在经历了封闭、起步、成长、提高、整顿各个阶段后，进入全面开放阶段（潘益兴，2000）。进入20世纪90年代后，中国外商直接投资在中国外资利用中的比重不断上升，成为中国利用外资的主要形式。加入WTO之后，中国农业领域内外商直接投资快速增长，并保持良好的势头，农业领域已成为吸引外资的新热点行业，农业外商直接投资的协议金额和实际使用金额都大幅提升。2004年中国农、林、牧、渔业外商直接投资协议金额为32.71亿美元，2005年农业利用外商直接投资项目达1058个，外商直接投资协议金额为38.37亿美元。2006年实际利用外资额为5.99亿美元，2007年实际利用外资额为9.24亿美元，到2009年实际利用外资额已经达到14.29亿美元，2010年实际利用外资额已经达到19.12亿美元。2011年，农、林、牧、渔业实际使用外资20.09亿美元，同比增长5.07%，分别占当年中国新设立外商投资企业数和实际使用外资金额的3.12%和1.73%。

2. 跨国涉农公司并购越演越烈，直接威胁到中国的粮食安全和经济安全

随着经济全球化的不断加快，跨国公司同行业内的竞争越来越激烈，跨国公司的横向并购成为最主要的并购方式（张彩霞，2010a）。加入WTO之前农业领域内的并购案例非常少，但自2004年以来，跨国涉农公司在中国掀起农业并购热潮。以粮食加工领域为例，美国ADM公司（ADM）先后并购中国大豆压榨企业，并且与新加坡丰益国际有限公司（丰益集团）共同投资组建了益海嘉里投资有限公司（益海嘉里），同时参股中国大豆压榨龙头企业山东鲁花集团有限公司（鲁花），其他跨国粮商美国嘉吉公司（嘉吉）和邦基集团（邦基）也在中国收购大豆等油脂加工企业。目前外资企业参股的大豆加工企业数占到全国大豆压榨企业的66%，仅ADM在中国已经参股了13个加工厂，总加工能力约1500万吨，这还不包括通过控股公司收购的企业数。从转基因大豆到非转基因大豆，外资并购使大豆加工及贸易已经被外资操控，使中国大豆产业安全受到威胁。到

① 此处参见World Investment Report 2009（世界投资报告2009），http：//unctad.org/en/pages/PublicationArchive.aspx？publicationid=743

2005 年为止，农、林、牧、渔业上市公司的外资并购事件总数为 11 起，交易金额达 3.94 亿美元（潘勇辉，2006）。农业外资并购对农业产业安全和国民经济安全都带来了不利影响。

三、研究意义

中国作为一个发展中农业大国，农业的发展在国民经济发展中占据举足轻重的地位。发展中国农业的根本出路在于加速实现农业现代化。在中国农业现代化进程中，需要大量的资金投入，其中外资已经成为中国农业资金投入的重要来源之一。中国农业利用外资始于 20 世纪 70 年代末期，其发展进程与中国对外开放进程同步。改革开放以来，农业一直是中国鼓励外商投资的重点领域之一，农业利用外资逐步发展壮大，从无到有，从小到大，从点到面，规模日益扩大，取得了巨大的经济和社会效益，外商投资农业对中国农业的发展和观念的更新起了积极的作用：①外商投资农业在一定程度上缓解了中国农业资金不足的矛盾；②外商在投入资本的同时，也带来了先进的生产技术和管理经验，以及营销理念；③改善了农产品品质，提高了农产品的出口能力；④为投资地创造了就业机会，提高了农民收入；⑤促进了农业产业结构的调整和高附加值农产品的生产。跨国涉农公司对农民的示范效应，在中国从传统农业向现代农业转化的过程中具有积极的推动作用。2010 年，中国农业实际利用外商直接投资额达 19.12 亿美元，同比增加 2.4 亿美元，增长了 19.96 %，在增加中国农业资本存量、推动农业技术进步、改善农业生产条件等方面发挥了十分重要的促进作用。

但与此同时，我们还应该清楚地认识到，在现阶段中国农业利用外资过程中还存在着诸如利用外资比例明显不足、来源渠道相对单一、区域分布显著失衡等突出矛盾，严重影响了中国农业利用外资的规模和质量。保证农业发展的资金需求是中国农业发展的一项重要战略。《中国国民经济和社会发展十二五规划》中明确提出："必须实行更加积极主动的开放战略，不断拓展新的开放领域和空间，扩大和深化同各方利益的汇合点，完善更加适应发展开放型经济要求的体制机制，有效防范风险，以开放促发展、促改革、促创新。"因此，在后经济危机时

代世界各国纷纷采取财政紧缩政策大幅减少对外投资的大背景下，重新审视和思考中国农业利用外资中的突出矛盾和发展趋势，采取各种政策措施进一步扩大农业利用外资的规模和水平，这不仅关系到中国农业现代化建设的全面推进，更关乎中国整个国民经济的快速、健康发展，具有非常重要的理论意义和实践意义。

四、本书的框架结构（见附图）

前言：主要阐述本书的研究背景及意义，利用外资的国内外研究现状及本书的结构、研究方法及主要特色。

第一章：从研究国际资本流动入手，首先对与农业利用外资有关的几个概念及相互关系，进行了较为深入的辨析。其次，阐明了利用外资和农业利用外资的涵义、特征、方式、渠道等。

第二章：农业利用外资的理论基础。对发达国家对外投资和发展中国家利用外资的理论进行了详细的分析，为研究中国农业利用外资提供了理论依据。

第三章：中国农业利用外资的状况。回顾了中国农业利用外资的发展历程，分析了后危机时代中国农业利用外资的新特点，并对中国农业利用外资的结构和效应进行了深入阐述，揭示了后危机时代中国农业利用外资存在的问题，最后预测了中国农业利用外资的发展趋势。

第四章：后危机时代中国农业利用外资的影响因素与风险。阐述了经济发展政策、农业经济管理体制、产业结构、市场环境等因素对中国农业利用外资的影响，分析了农业利用外资可能带来的行业、技术、市场、价格等风险。

第五章：从分析外资流入与中国农业产业结构阶段性变化之间的关系出发，通过回归模型，发现实际利用外商直接投资会对农、林、牧、渔业总产值有促进作用。通过大量的实证分析，阐明了外商投资是农业产业结构升级的内在动力。

第六章：WTO 中《与贸易有关的投资措施协议》、《服务贸易总协定》、《与贸易有关的知识产权协议》、《补贴与反补贴协议》中与外资有关的内容，是中国农业利用外资的理论依据。本章从经济学的角度，分析了实行优惠政策会导致生产效率损失，但在特定的情况下，还得实施优惠政策。目前中国的首要任务是

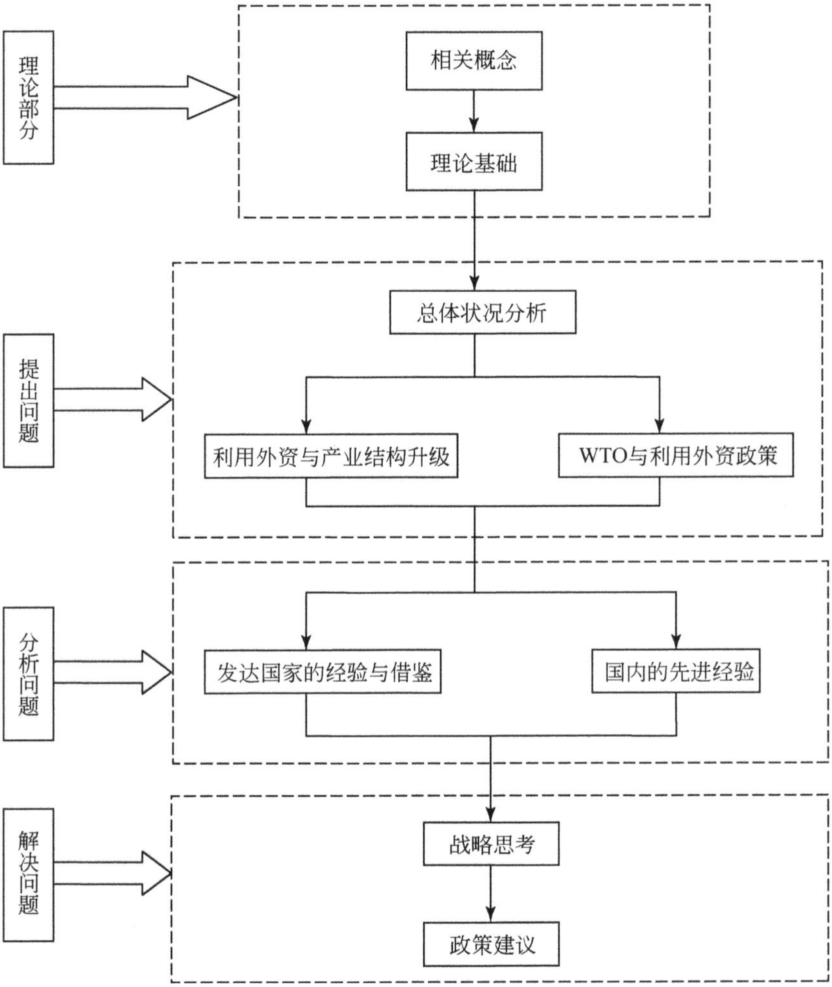

框架结构图

进行市场化改革，建立市场经济制度，市场化改革是取消外资优惠政策的基本前提。本章最后指出了加入 WTO 后中国农业利用外资政策的调整方向。

第七章：通过不同国家和地区农业利用外资情况的比较，分析了国外农业利用外资政策的主要措施和不同效果，从国外农业利用外资政策的经验和教训中，得到了启示，看到了中国农业利用外资存在的问题及解决问题的对策。

第八章：国内农业利用外资的案例分析。对福建省农业利用外资建设“台湾农民创业园”和泰州市农业利用外资建设社会主义新农村两个案例进行了分析，探究当前中国地方农业利用外资中的经验做法、存在问题、解决对策等。

第九章：从宏观上分析了后危机时代中国农业利用外资面临的国内外经济环境，无论是国际经济环境还是国内经济环境，都给中国农业利用外资提供了机遇，当然也不乏挑战。面对机遇和挑战，中国农业利用外资应该从产业、方式、地区等几方面进行战略调整。

第十章：后危机时代中国农业利用外资的对策建议。重点从转变农业利用外资方式，加强农业利用外资的硬、软环境建设，由注重吸引资金转变为注重引进技术，不断优化农业利用外资的投向和区域布局，加速农业产业化进程，培植嫁接外资的有效载体，注重外资引进质量，提高农业利用外资效率等 10 个方面提出相应的对策建议。

目　录

第一章

农业利用外资的相关概念和界定

随着中国改革开放的逐步深入和社会主义市场经济体制的进一步完善，在建设社会主义新农村、构建和谐社会的新时期，农业利用外资在推进农业和农村经济发展、完善农业产业结构、带动技术进步、提供就业机会和增加农民收入等方面发挥着日益重要的作用。为了更加准确地了解中国农业利用外资的状况，客观地分析目前存在的问题，首先要确定与农业利用外资相关的一些基本概念，本章主要界定国际资本流动、利用外资，以及农业利用外资的涵义、特点、方式等几个方面。

第一节　国际资本流动的内涵

一、资本流动的涵义

资本（capital）这个词最初是指游牧部落的主要财富（牲口的头数），后来是指在耕种土地或制造（manufacture）方面所使用的奴隶人数（马歇尔，1986）；古典经济学认为，资本就是积累劳动，资金就是土地产品和工业劳动产品的积累。把资财当做一部分资本而投入的人，莫不希望收回资本并赚取利润，资本也是对劳动及其产品的支配权（斯密，2010）。其实，资本不是物的自身，而是剥削雇佣劳动的生产关系，资本是能够带来剩余价值的价值（马克思，2009），这就是资本的本质。资本的存在既表现为货币形态，也可表现为实物形态（如生产

设备、技术、原材料和劳动力等生产要素）。因此，所谓资本流动是指货币资本的使用权在国际间的有偿让渡和转移，这种转让是以盈利为目的的，属于狭义的资本流动。广义的资本流动，还包括资本的国际间无偿转移，如政府之间的赠款等。

二、国际资本流动的涵义和分类

（一）国际资本流动的涵义

国际资本流动是指一个国家或一个地区与另一个国家或另一个地区之间，以及与国际金融组织之间的资本转移、输出与输入。这是国际经济交往的一种类型。这种经济交往与国际商品或劳务的交易有区别。它们的区别在于：商品交换实现了货币所有权的转移，而国际资本通过货币资本的国际转移，仅仅实现了货币使用权、支配权的让渡，而并未发生货币所有权的转移。资本输出国让渡资本使用权，但仍拥有资本的所有权，因而形成对外的债权，并从中获得利息、股息或利润收益。资本输入国获得资本使用权，但并未获得资本的所有权，因而形成对外债务，并由此对外支付利息、股息或利润。

（二）国际资本的分类

按不同的标准，国际资本可有不同的分类。以表现形式可分为商业资本、产业资本和银行金融资本。相应地，国际资本流动就表现为商品输出（入），技术转让（引进），以及银行资本输出（入）。以资本周转时间的长短可以分为长期资本和短期资本。长期资本是指周转时间超过一年的资本，有中长期国际贷款和有价证券。短期资本是指流动时间为一年和一年以下的资本。

（三）国际资本流动的原因和特点

1. 国际资本流动的原因

国际资本流动的根本原因在于世界经济发展的不平衡及由此产生的等量资本

获得不等量利润。资本的增值本性驱使它从一国向另一国流动；与此同时，有些资本流动是为了避免或减少风险。具体有以下 3 种。

（1）国际资本的供给与需要同时增长

就供给来讲，一方面发达国家经过经济增长后，发展明显减慢，急需将过剩资本转移到资本短缺的国家或地区，从中取得高额利润。同时，发达国家的货币量增长过快，造成资本急剧膨胀，也需要寻找出路。另一方面，发展中国家有了和平环境，急需要发展，但短缺资金。

（2）资本风险

国际资本流动，有时并不一定为了追求利润，逃避风险也是一个重要原因。因此，资本的流动，往往出于安全的需要，需要将资本转移到政治局势稳定、税率适中、经济风险较小的国家或地区。

（3）利率、汇率的影响

这是影响资本流动的两大重要经济因素。当今经济发展的不平衡使得一些国家特别是发展中国家，提高利率与汇率，以吸引外商投资。例如，中国对外商投资企业与外国企业的所得税率只有 33%，比外国所得税率低，比中国国内企业的所得税率也低。

2. 国际资本流动的特点

（1）国际资本投资主体多样化

国际资本投资主体的多样化，到了 20 世纪 80 年代后期变得非常明显，资本输出已不是个别国家垄断资本的输出，而是众多国家多方位资本的输出。其表现是：①西方工业国都是投资主体，并且构成投资主体的第一层次，是投资的主力，其特点是资本雄厚，投资面广；②石油输出国成员国，特别是中东产油国家，也跻身于投资国家的行列，其特点是潜力大、开拓性强；③其他发展中国家，可列为投资力量的第三层次，属于补充性的投资，其特点是资本较少，实力较弱，只能小规模地有条件地向外进行资本渗透。

（2）国际资本流动将日益趋向发达国家之间

20 世纪 90 年代后期，国际资本流动的基本格局是国际资本在发达国家之间

对流、相互渗透，而发展中国家的资本仍感匮乏。发达国家之间渗透与日俱增，新技术的兴起，知识与技术密集型工业的发展，产业结构的调整，都远远走在发展中国家的前列。美国与日本对外投资的 70%，英国与德国对外投资的 80%，都在发达国家之间进行。发展中国家劳动力优势已不是那么突出，资金困难的矛盾很尖锐，二者的相对差距还有拉大之势。

（3）在国际资本流动中，直接投资依然占据重要地位

国际直接投资在过去 30 多年来一直持续大幅增长，在国际资本流动中始终占据着最为重要的地位，特别是最近 5 年的变化很大。目前，国际直接投资的流动依然以发达国家之间的相互投资为主。联合国 World Investment Report 2011[①] 公布了全球国际直接投资的流动和变化情况，如图 1-1 所示。

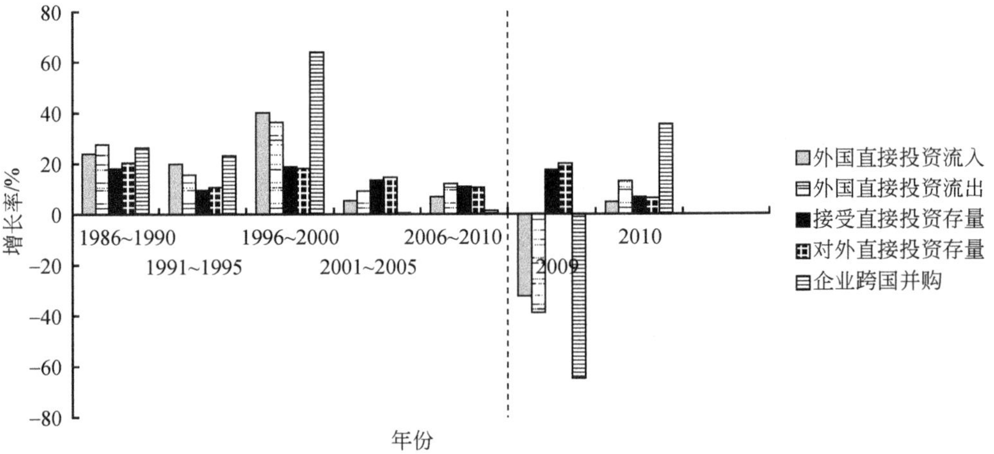

图 1-1 1986 ~ 2010 年国际直接投资的变化

注：1986 ~ 1990、1991 ~ 1995、1996 ~ 2000、2001 ~ 2005、2006 ~ 2010 对应数值均表示该时间段数值平均值

（4）企业跨国并购成为国际直接投资的重要形式

近年来，国际资本流动的一个最引人注目的变化就是跨国公司为了扩大市

① 此报告参见：http：//unctad. org/en/Pages/DIAE/World% 20Investment% 20Report/WIR2011 _ Web-Flyer. aspx

场、优化资源配置而进行的跨国并购异常活跃，已成为全球直接投资的主要形式。

跨国并购是在全球产业结构大调整的背景下进行的，同时也对全球经济产生着巨大的影响。并购对全球企业生产经营要素（包括资金、技术、设备、劳动力等）不断进行合理的大调配，从而使生产成本大幅降低。目前跨国公司拥有较强竞争优势的产业集中在高新技术产业和信息、金融、保险、零售、电信等领域，服务业占全球直接投资总额的一半以上。巨额并购将会深刻地改变全球经济、政治、军事等格局，值得关注。

对发展中国家而言，进一步开放市场和企业接受投资者的并购是其目前吸引外资的重要政策手段，但受墨西哥、东南亚等几次金融危机的震荡，目前许多发展中国家在开放市场方面，尤其是在涉及银行体系和汇率制度的金融改革方面，态度极为审慎。

（5）国际股权证券投资

国际股权证券投资与外商直接投资的差别在于前者仅仅提供金融资本，而不参与公司的管理。国际股权证券投资者的主要动机是通过证券市场价格波动获取利润，这就决定了国际股权证券投资的短期性和波动性特征。事实上，与从事直接投资的跨国公司出售外国子公司的资产相比，特别是与跨国公司在国外建立新企业这种“沉没成本”较高的进入方式相比，国际证券投资者在二级市场上出售外国证券要容易得多，从而使其与外商直接投资相比更具波动性。发达国家相互之间大量增加的企业并购投资多数是以股权交易和资产重组形式实现的，资本市场成为主要的引资渠道。

（6）短期资本影响

国际资本市场受短期资本的影响越来越大，特别是大量国际游资通过股市对全球资本的流动起着推波助澜的作用。目前全球资本市场的短期资本至少有7万亿美元，其中一半以上为流动性极强的投机性游资。由于对全球资本流动的监测预警系统尚未建立，国际组织对金融危机的防范和化解能力还极为有限，而一些国家金融管理中存在的某些漏洞往往会给投机商可乘之机。冲击力巨大的国际游

资对各国金融体制构成潜在威胁。

总的来说，国际资本市场呈现供求两旺的局面，但和10年前相比，资本供应明显趋紧，处于供不应求的状态。其主要原因是各主要资本输出国的国内资金需求上升，资本输出能力不同程度地有所下降。

第二节　利用外资的涵义、特性和方式

一、利用外资的涵义

利用外资属于国际资本流动的范畴，它的基本涵义是指一个国家或地区从国际上或其他国家引入资本，即国际资本输入到某一国家或地区。外资是相对于内资来说的，是指来自境外的资本。本书提到的外资是指来自中国内地以外的所有资本，包括来自港澳台地区的资本。港澳台地区流入中国内地的资本，从本质上说，应该是同一国家内的资本流动，但是，由于它们同中国内地属于不同的关税区，而且为了鼓励港澳台地区的资本流入中国内地，国家对港澳台地区资本采取了视同外资的政策，港澳台地区资本可以享受外资的有关优惠政策。笔者将来自港澳台地区的资本也视同外资。

二、利用外资的特性

（一）利用外资的范畴

独立的货币性和投资性资本输入，如与引进商品、劳务、技术、管理相联系的资本输入；特定非盈利性资本输入，如与投资项目相配套的外国政府无息贷款等，都属于利用外资的范畴。但是，非资本输入性的外汇收入或外汇存款等，则不属于利用外资的范畴，如旅游外汇收入和个人消费用的外汇汇款等。

（二）反映债权债务关系

在国际资本流动中，作为资本输出的一方是债权人，作为资本输入的一方是

债务人，由此形成债权债务关系。在这种关系中，债权人一般不会放弃资本的所有权，而仅仅是暂时让渡资本使用权，所以债权人有权索回资本，并取得相应的利息、股息、汇价差等方面的收益。这与国际贸易中商品货币交换所体现的所有权转移的情况有本质区别。

（三）存在风险

利用外资的风险主要来自资本输入方，即债务人，具体涉及的范围十分广泛，包括难以支付输入方的债务人。具体涉及的风险范围十分广泛，包括难以支付本息的风险，丧失民族长远经济利益的风险，损害国内外债权债务体系的风险，引起金融动荡、金融危机的风险等。因此，对利用外资的情况必须全面系统地深入研究，以防范风险。

因此，要全面正确认识利用外资的情况，首先必须科学地把握利用外资的具体方式。在现实经济活动中，利用外资的方式和种类是多种多样、十分复杂的，特别是随着国际经贸关系和金融关系的发展，各种新型的、衍生的利用外资方式不断涌现，很难作出全面具体的说明。所以在此只能从理论归纳的角度出发，采用有效的分类方法，对最主要的利用外资方式进行系统概述。

三、利用外资的方式

目前常用的利用外资方式的分类方法主要有如下4种。

1. 从统计结果划分

利用外资方式可分为对外借款、外商直接投资和外商其他投资。其中：对外借款，包括政府贷款、国际金融组织贷款、出口信贷、外国银行商业贷款、对外发行债券；外商直接投资，包括合资经营、合作经营、外商独资经营、合作开发、股份制经营等；外商其他投资，包括对外发行股票、国际租赁、补偿贸易、加工装配。

2. 按内容类别划分

利用外资方式可分为贷款类、证券类、贸易类、项目类、租赁类和直接投资

方式进行的；成员国还款时，则以外汇购回本币。

2. 世界银行贷款

主要是对发展中国家的政府和企业提供长期贷款，期限为20年，宽限期为5年。对成员国与企业提供贷款，需要政府承保。贷款又限于世界银行批准的项目。贷款利率随世界国际金融市场利率水平的变动进行定期调整。

3. 国际金融公司贷款

只对其成员国、特别是比较贫穷的发展中国家和企业提供长期贷款，期限为7～15年，不需要政府担保，利率为6%～7%，有时达10%。贷款须以借款币种进行偿还。

4. 国际开发协会贷款

主要是对人均国民生产总值在375美元以下的贫困的发展中国家提供长期贷款，名义上免收利息，只收0.75%的手续费，实际是低利贷款，期限可达50年，宽限期为10年，偿还贷款时可以全部或部分用本国货币进行偿还。

（三）出口信贷

出口信贷是一些发达国家为支持本国出口，加强国际竞争而对本国出口产品进行补贴的一种方法。本国商业银行对本国出口商品提供较低利率的贷款，以解决买方支付资金的需要。有些国家为扶植本国出口产品，除以本国货币贷款外，也以外国货币进行贷款，以解决出口商或购买商对资金的需要。这种贷款又分为卖方信贷与买方信贷。

1. 卖方信贷

有些出口商，为了多推销，采用赊账方式，规定在一定时期内付清贷款。这就是延期付款方式。由于卖方在一定时期之后才能收回款，为了不影响正常生产，就要卖方银行给以出口信贷，等到买方付款后再给以清偿。这种由卖方银行提供给出口商的信贷，称为卖方信贷。

2. 买方信贷

这是由出口方银行直接向外国进口商提供的信贷，是目前国际上出口信贷的

主要形式。

（四）银行信贷

银行信贷指一国银行为了支持本国经济建设，从国际金融市场上的外国银行贷的款。这种贷款同出口没有联系，也不限定用途，但不能享受出口信贷的利率，一般按市场利率计算，因此，利息负担较重。贷款为短期资金拆放，也可以是中长期贷款。

（五）发行债券

发行债券指一国政府当局，以及其部门、银行、企业在国际债券市场上发行中长期债券集资。这是当前利用外资的重要形式。

（六）合资经营

合资经营即由外国公司、企业和其他经济组织或个人，按照平等互利的原则，同中国公司、企业和其他经济组织以入股形式共同经营，共担风险，利益按资分配。合资经营是中国吸收外资的主要形式。

（七）合作经营

合作经营即双方不是以投入资本数额的比例作为分配的依据，而是通过协商具体规定双方的权利和义务，按不同情况采取产品分成、收入与利润分享的原则。我方一般提供土地、厂房、劳务，以及现有设备、技术等，外方提供资金、先进技术、先进设备等。

（八）外商独资经营

外商独资经营即外国投资者在中国独资举办企业，但须经我方政府批准，并遵守中国政府法令。外商承担全部投资，独自经营，自负盈亏。

（九）补偿贸易

补偿贸易即外国投资者向我方赊销技术、设备、原材料，我方以生产的产品用延期或分期付款方式还本付息。这是一种赊销性的特殊利用外资方式。来料加工、来样加工、来件装配，都属于这类形式。

（十）国际租赁

国际租赁即租赁信贷，是指承租人向出租人支付一定的租金，取得在一定时间内对出租人财产的使用权。

第三节　农业利用外资的概念、方式和渠道

一、农业利用外资的概念

农业的概念随着社会的进步和生产力的快速发展也在不断地拓展和深化。在古代，农业被理解为“辟土殖谷”，故称农耕。现在，对农业的理解有狭义和广义之分。狭义的农业就是指利用动植物的生活机能，通过人工培育以取得产品的社会生产部分，通常分为种植业和畜牧业两大类。广义的农业是个大产业，包括农（种植业）、林、牧、副、渔业等。改革开放以来，随着农业生产的商品化、社会化和国际化，特别是农业的产业化发展，对农业的理解又有了新的拓展，提出了“十字形大农业”的概念，不局限于农、林、牧、副、渔五业的农业“产中”环节，还将为农业提供生产资料和良种等服务的行业称为农业的“产前”环节，把农产品的加工、储藏、运输、销售等过程称为农业的“产后”环节，农业的概念大为拓展了。①

目前，在中国的立法与司法实践中对“外资”的理解有所不同，交互采用“设立地标准”（资金性质由设立地点决定，即凡在中国境内登记设立的外商投

① 柳勇．2011．外商投资我国农业领域法律制度研究．华中农业大学硕士学位论文

资企业都属于中国法人）和“资本来源地标准”（资金性质由资金的来源决定，即在中国境内注册并取得了中国法人资格的公司，由于其资本源于国外，还把其当做“外商”对待）。从研究资本市场引进和利用外资利弊得失的角度出发，只要是非境内来源的资本，都应该得到应有的关注和重视。换句话说，目前更倾向于在判断“外资”的标准上，以“资本来源地标准”为主，兼以实际控制公司的最终权益持有人的国籍识别为辅，只有这样，才能起到既利用“外资”，使其有效地为中国经济建设服务，又能对其加以规制，且能防止被规避利用的作用（田佳妮，2009）。

因此，本书将农业利用外资的概念界定为，在广义的农业概念领域里，通过对外借款、吸收外商直接投资，以及用其他方式筹措境外资金、设备、技术等资源来发展农业经济的方式。

二、农业利用外资的方式和渠道

（一）农业利用外资的方式

科学地把握利用外资的具体方式对我们全面正确认识利用外资的情况是十分必要的。在当今的经济活动中，随着国际贸易多样化的发展，利用外资的方式也变得越来越复杂，我们通常从直接利用外资和间接利用外资的角度来划分农业利用外资的方式。

1. 直接利用外资的方式

（1）独资经营利用外资

独资经营是指外国企业依照中国法律在中国境内设立的全部资本由外国投资者投资，企业独立经营，自负盈亏。跨国公司的子公司或分支机构一般属于这一类，全部收益归外商所有。这种利用外资方式在一定程度上可以补充国内商品市场，但有可能出现技术垄断、霸占产品市场的问题。

（2）股份制经营利用外资

这种利用外资方式是指国外企业出资购买国内企业的股票，具有一定的经营

权，也可以双方共同出资设立股份有限责任公司。这种利用外资的方式可以为东道国带来先进的管理经验和无需偿还的外汇资金，只是在股权和收益分配时会出现纠纷。

（3）合资合作经营类利用外资

这种利用外资方式是指国外企业与国内企业用一定的投资品作为出资金额设立有限责任公司共同经营和担负盈亏，共担风险。合作经营是指双方企业基于合作开发投资等需求，按照平等互利的原则，通过签订合作协议组成合作式的经济实体，签署协议或契约来具体规定经济实体的权力与义务。这类利用外资方式有利于提高东道国的生产、经营和管理水平，风险也被分散化了。负面效应则是容易出现控制权和利益分配不均等问题。

（4）并购重组类利用外资

这种方式主要是指外国企业通过购买国内企业的股份，获得其控股权，或是直接将其变为跨国公司的子公司或分支机构。这种方式有利于增强企业实力，形成规模经济，但有时国内企业的资产价值会以低价被倒卖。

（5）BOT 项目类利用外资

BOT 是建设—经营—转让的简称，是英文 Build-Operate-Transfer 的缩写。这种利用外资方式是指一国政府通过契约授予某承包商一定的特许专营权，允许其在一定时期内筹集资金建设某项基础设施并管理和经营该设施，以及相应的产品与服务，承包商在特许期限内要负责成本收回、债务偿还和利润的获得。当特许期限结束时，承包商按约定将该设施移交给政府部门，转由政府指定部门经营和管理。这种方式承包商要承担所有的债务风险，东道国不会有债务压力，但承包商在特许期限内有可能增加设施的使用费用。

（6）补偿贸易和加工装配类利用外资

补偿贸易是指外国企业向国内企业注入资本或提供设备、技术、知识等，投产后以所生产的全部产品、部分产品或双方商定的其他商品，在一定期限内，用于支付外国企业的投资。加工装配是指外国企业向本国企业提供原材料、原辅料、零配件，以及生产设备等，然后由东道国企业按外方要求进行生产，产品出

炉后属外方所有，即所谓“两头在外”的利用外资方式。这样的外资方式为东道国创造了就业机会，赚取劳务费，也不会有偿债的风险和负担，但是存在外商大规模走私、转嫁税负的一系列问题。

2. 间接利用外资方式

（1）贷款类利用外资

贷款类利用外资主要是指一国政府或企业接受外国政府或商业银行、国际金融机构的放款。贷款大体可分为软贷款和硬贷款两种。软贷款即多边的和双边的优惠性贷款，具有经济援助性质。这种贷款申请、审批程序严格，但具有使用期限长、利率低等特点。贷款者使用过程当中也要受到严格的检查和监督。硬贷款即商业性贷款。使用这种贷款的成本较高，要承担较大的汇率变动风险，但是这种贷款申请较易，使用方便。

（2）证券类利用外资

证券类利用外资主要是通过对外发行或者交易债券、股票和投资基金等来融资。在这类利用外资方式中，发行债券和股票都是传统的融资方式，操作简单，流动性高，期限较长。作为一种新型的利用外资方式——投资基金，是把众多的外国投资者的资金汇集起来，直接汇入国外基金组织，进入东道国金融市场，或者由专业的投资公司运作投资。

（3）租赁类利用外资

这种利用外资方式主要指国际资金融通通过机械设备的租用来实现。程序是这样的：承租人选定的机械设备由出租人筹资购买，然后再出租给承租人，租赁期间承租人支付租金，享有设备的使用权；租赁期满后，承租人可以续租、退租或者选择购买折价的设备。需要注意的是，机器磨损加快或导致生产的高成本和低效率。

（4）票据类利用外资

与传统的商业信用做法不同，现行的国际票据融资活动是把票据当做可流通的金融工具。一些口碑好、有信誉的大型企业凭借其资信度发售借款凭证，这种凭证由专业的承销机构进行操作，可以脱离实际劳务商品进行交易，不过融资成

本和商业贷款不相上下。

(5) 衍生品类利用外资

这种利用外资方式的主要特点是具有杠杆效应、价格对冲效应、价格预期或价格发现效应。它是一把双刃剑，既可在短时间内聚集大量国际流动资本，又存在大量国际资本迅速抽逃本国市场的风险。

(二) 农业利用外资的渠道

中国农业利用外资的渠道大体可以分为三类：一是国际多边机构提供的贷款或赠款；二是双边政府之间的经济技术合作；三是以合资、合作、独资企业为主要形式所吸收的资金。

1. 多边渠道

中国农业利用外资的多边渠道较为广泛，包括世界银行（World Bank，WB）、亚洲开发银行（Asian Development Bank，ADB）、联合国粮食和农业组织（Food and Agriculture Organization of United Nations，FAO）、世界粮食计划署（World Food Program，WFP）、国际农业发展基金会（International Fund for Agricultural Development，IFAD）、欧盟（European Union，EU）等。

世界银行由国际复兴开发银行（International Bank for Reconstruction and Development，IBRD）和国际开发协会（International Development Association，IDA）组成，是联合国下属的国际金融机构。世界银行向发展中国家提供低息、无息贷款、赠款和技术援助，任务是帮助国家克服贫困，提高生活水平。1946 年 6 月 25 日世界银行开始运行，总部设在美国首都华盛顿。目前，世界银行共有 186 个成员国。世界银行贷款包括特定投资贷款、结构调整贷款、部门贷款、技术援助贷款和紧急复兴贷款 5 种方式。贷款额度的大小要对借款国各项指标进行考量后决定，所含的指标主要包括该国人均 GDP、债务信用、贷款用途、项目可行性等，贷款一定要与特定的工程项目联系。贷款利率参照市场利率，但一般低于市场利率。贷款的申请程序复杂，要求严格。

亚洲开发银行是亚洲和太平洋地区的区域性金融机构。其并非联合国的下属

机构，但由于它是联合国亚洲及太平洋经济社会委员会（简称联合国亚太经社会）赞助建立的机构，所以它同联合国及其区域和专门机构有密切的联系。1966年12月19日亚洲开发银行正式营业，总部设在菲律宾首都马尼拉。亚洲开发银行的宗旨是通过开展政策对话、提供贷款赠款和技术援助等方式，帮助发展中成员减少贫困，提高人民生活水平，终极目标是实现“没有贫困的亚太地区”。亚洲开发银行有来自亚太地区的区域成员和来自欧洲和北美洲的非区域成员。亚洲开发银行在成立之初只有33个成员，如今成员数量已增至67个，其中48个成员来自亚太地区。2008年，亚洲开发银行主要的借款成员依次是印度、中国、印度尼西亚、菲律宾、越南和巴基斯坦，这一年亚洲开发银行共批准贷款105亿美元，同比增长5.3%；技术援助总额达2.75亿美元；赠款项目总额达8.11亿美元，同比增长20.6%。

联合国粮食和农业组织是联合国的一个专门机构，总部设在意大利罗马。该组织的宗旨是通过加强世界各国和国际社会的活动，提高人民的营养和生活水平，改进粮农产品的生产和分配的效率，改善农村人口的生活状况，以及帮助发展世界经济和保证人类免于饥饿等。该组织业务范围包括农、林、牧、渔生产、科技、政策和经济各方面。它搜集、整理、分析并向世界各国传播有关粮食生产和贸易的信息；向成员国提供技术援助；动员国际社会进行农业投资，并利用其技术执行国际开发和金融机构的农业发展项目；向成员国提供粮食政策和计划的咨询服务；讨论国际粮农领域的重大问题，指定有关国际行为准则和法规，加强成员国之间的磋商与合作。

世界粮食计划署成立于1963年，总部设在意大利罗马，是联合国系统的一个常设性粮食援助机构，该机构是寻求解决全球饥饿方案的一线组织，是世界最大的人道主义援助机构。世界粮食计划署主要从事紧急援助干预、救济和复兴行动，以及开发项目计划。自成立至今，世界粮食计划署已经投入了300多亿美元用于解决饥饿、推动经济和社会发展，并为全世界的突发事件提供紧急援助方案。该组织每年平均向80个国家的1亿人提供粮食援助，支持发展粮食生产，力争帮助人们消除饥饿和营养不良。2005年底，由于中国已经实现粮食自给，

经济高速发展，根据中国政府和粮食计划署达成的协议，计划署结束了26年的对华粮食援助，中国从国际粮食援助的受援国成长为援助国。

国际农业发展基金会是联合国系统按照世界粮食会议决议设立的专门向发展中成员国提供粮食和农业发展贷款的金融机构。该机构成立于1977年12月，总部设在意大利首都罗马。该基金目前有162个成员国，其宗旨是“筹集资金，将优惠的贷款和政策项目提供给发展中国家，用于发展粮食生产，改善人民的食物营养，提高人民生活水平，逐步消除农村贫困现象”。在粮食增产方面有政策支持项目，短期的改良土地、改进排灌、品种改良等提高单产的项目和长期的兴修水利、垦荒、移民等改善农民生活条件等项目。在消除贫困方面，该基金强调贷款项目要直接用于经济条件差的农户和乡村妇女，而不能为私人资本盈利。该基金的贷款项目涉及农业开发，乡村发展，畜牧，灌溉，渔业，信贷，移民定居，科研推广培训，农产品储存、加工和销售这9个领域，近来又强调对农村贫困妇女进行扶持。

欧盟是当今世界一体化程度最高的区域政治、经济集团组织，其前身是欧洲共同体。1993年11月1日，《马斯特里赫特条约》正式生效，欧盟诞生，其总部设在比利时首都布鲁塞尔。截至2009年1月，欧盟共有27个成员国和5亿人口。欧盟（欧共体）于1984年开始向我国提供财政技术援助，对华提供的发展援助以扶贫为主，主要集中在农业领域。近年来，中国同欧盟的农产品和食品贸易往来保持了平稳增长。当前欧盟已经成为中国农产品的第三大出口地，同时也是中国进口产品的第五大来源地。2011年中欧贸易总额达5672.1亿美元。现在中欧每天的贸易额则超过了14.8亿美元。2012年9月8日，第三届“欧盟-中国投资贸易洽谈会”在吉林召开，政府、商会及企业间签署了多项合作协议，我国同欧盟的合作正向着更深层次发展。

2. 双边渠道

双边贷款又称外国政府贷款，是指一国政府向另一国政府提供具有一定赠予性质的优惠贷款。双边政府贷款由两国的政府机构谈判、签署协议，形成二者间的信贷关系。政府贷款多用于环境保护、基础设施建设等非盈利项目。中

国于1979年开始利用双边贷款。目前，同中国建立双边贷款关系的有很多国家，其中荷兰、意大利、芬兰、奥地利、法国、丹麦、西班牙、韩国、加拿大、北欧投资银行和北欧发展基金等国家和组织均支持中国的农业和农产品加工项目。

外国政府的赠款或贷款申请复杂，条件较为苛刻，额度较小，但有一定的优惠性。按照贷款性质不同，可以分为4种：第一种是软贷款，也就是政府财政性贷款。这样的贷款一般无息或利率较低，还款期较长，并有较长的宽限期。例如，比利时政府贷款为无息贷款，偿还期30年，含宽限期10年；科威特政府贷款偿还期18~20年（含宽限期3~5年），年利率1%~5.5%。这种贷款一般侧重非盈利性开发性项目。第二种是混合性贷款，由政府财政性贷款和一般商业性贷款混合在一起，比一般商业性贷款优惠。例如，奥地利政府贷款偿还期20年（含宽限期2年），年利率4.5%。第三种是出口信贷和一定比例的赠款混合组成。例如，澳大利亚、挪威、英国、西班牙等国政府贷款中，赠款占25%~45%。第四种是出口信贷和政府软贷款混合性贷款，称为“政府混合贷款”。这是最普遍实行的一种贷款，其中软贷款一般占30%~50%。例如，法国、意大利、德国、瑞士等国都采用这种贷款形式。

改革开放以来，中国借用外国政府贷款额稳步提高，但占我国外债余额比重则呈下降趋势。1979~2000年累计生效额仅为327.42亿美元，但1995年以后中国借用外国政府贷款已稳定在每年200亿美元以上。2005年中国借用外国政府贷款272.0亿美元，随后逐年上升，到2009年已达到349.2亿美元，2010年略降为320.8亿美元。中国借用外国政府贷款占我国外债余额比重则由2000年前后的16.89%左右，下降到2010年的5.84%，降幅明显。

3. 其他渠道

随着中国经济的发展和农业综合生产水平的提高，近些年来，农业利用外资来源中官方资本比重逐步下降，中国获得软贷款的数额日趋减少，综合借款成本与以前相比将不断提高。1999年6月30日，世界银行就停止了对中国的软贷款。中国使用的亚洲银行贷款主要是普通资金贷款，也就是亚洲银行硬贷款。外资来

源结构发生了根本性的变化，外商直接投资比重上升，成为目前农业利用外资的主要方向和选择，已处于绝对主导的地位。2009 年，中国农业实际利用外商直接投资额达 14.29 亿美元，同比上年增加 2.4 亿美元，增长了 19.96%，在增加中国农业资本存量、推动农业技术进步、改善农业生产条件等方面发挥了十分重要的促进作用。

第二章

农业利用外资的理论基础

第一节　发达国家对外投资的主要目的和有关理论

发达国家为何对外投资？其根本目的是什么？国际资本流动理论对此有各种各样的解释、观点和学说，这里只选几种有代表性的理论予以概述。

一、马克思和列宁的资本输出理论

马克思认为，资本输出的本质与资本的本质实际上是一致的，资本输往国外，并不是因为它在国内已经绝对不能使用，而是因为它在国外能够按更高的利润率来使用。所以，资本输出有助于资本家获得更多的剩余价值。

列宁继承和发展了马克思的资本输出理论。列宁认为，自由竞争引起生产集中，而生产集中发展到一定阶段，就会引起垄断。在垄断资本主义阶段，资本输出比商品输出更为重要。资本输出的国家，以及其垄断组织，通过对经济落后国家的投资，可以降低土地、劳动力和原材料等方面的成本，获得超额利润；也可以带动商品输出，获得双重的超额利润，“从一条牛身上剥下两张皮”。资本输出，是帝国主义的一个重要特征，它甚至可以成为控制东道国政治、经济、军事的重要手段。

二、普雷维什的“中心—外围”理论

第二次世界大战后，许多发展中国家虽然在政治上取得了独立，但在经济上

依然要按发达国家的需要来发展，形成经济依附。针对这种情况，许多经济学家和学者提出了所谓的“依附理论”，以解释资本输出与形成经济、政治、文化依附关系的内在原因。这里只简要介绍有代表性的普雷维什的“中心—外围”理论。

普雷维什是阿根廷经济学家，他在1950年系统阐述了“中心—外围”理论。他认为，在世界经济体系中，“中心”是指占统治地位的资本主义的工业发达国家，它具有支配和制约发展中国家为其利益服务的能力；“外围”则是指生产和出口初级产品的发展中国家。“中心”垄断技术进步，把过时的机械设备转移到“外围”，以跨国公司投资等形式，向“外围”输出资本与技术，强制“外围”根据“中心”的需要，创办劳动密集型企业，从事初级产品的生产和出口，并通过贸易比价的不平等，大量攫取“外围”的收入。同时在资本输出和贸易活动中，“中心”没有把发展动力和技术创新传播给“外围”，而是加深“外围”的模仿特性和在发展结构上与“中心”的差异。

三、麦克唐格尔的国际资本流动理论

麦克唐格尔（G. D. A. MacDougal）1960年对于国际资本流动进行了福利分析。

他首先假定：①存在投资国（A国）和接受投资国（B国）；②在完全竞争的条件下，资本的价格等于资本的边际生产力；③两国利用资本和劳动等生产要素生产同一种产品。则国际直接投资的经济效应可用图2-1表示。

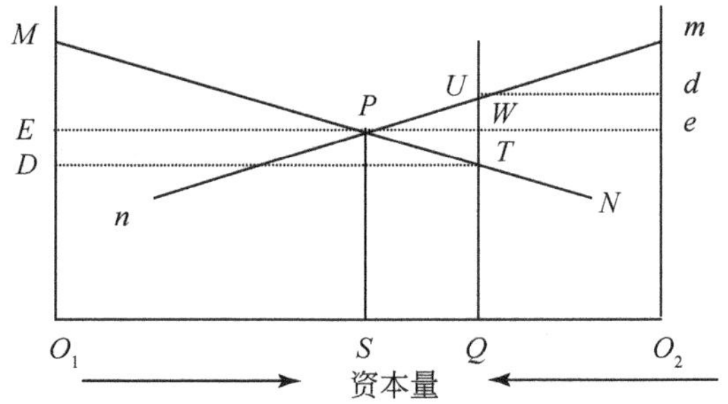

图2-1　麦克唐格尔的福利分析

在图 2-1 中，横轴表示资本量，纵轴表示资本的边际生产力。O_1Q 为 A 国的资本量，O_2Q 为 B 国的资本量。MN 线为 A 国的边际生产力线，mn 线为 B 国的边际生产力线。

在资本流动前，资本充裕的 A 国的资本价格为 O_1D，资本短缺的 B 国的资本价格为 O_2d，O_1D 小于 O_2d 。A 国运用 O_1Q 的资本与一定量的劳动生产出 O_1MTQ 的产品。B 国运用 O_2Q 的资本与一定量的劳动生产出 O_2mUQ 的产品。

如果资本能够自由流动，那么，资本必然会从资本充裕而资本价格低的 A 国流向资本短缺而资本价格高的 B 国。资本流动的结果必然使 A 国和 B 国的资本边际生产力相等，也就是使两国的资本价格相等。在图 2-1 中，A 国向 B 国投资了 SQ 后，两国的资本价格开始相等，即 $O_1E=O_2e$。在资本流动后，A 国的产量为 $MPSO_1$，比资本流动前减少了 $PTQS$；B 国的产量为 $mPSO_2$，比资本流动前增加了 $PUQS$。由此可见，在资本流动后，B 国增加的产量多于 A 国减少的产量，A 国和 B 国的总产量比过去增加了 PTU。这就是说，资本的国际流动提高了全世界的总生产量。

资本的流动不只是单方面有利于投资国，或者是有利于接受投资国，而是对于投资国和接受投资国均有利。对于投资国（A 国）来说，尽管国内生产减少了 $PTQS$，但是，国外投资的收益为 $PWQS$。$PWQS$ 比 $PTQS$ 多 PWT。也就是说，国外投资的收益除了能够弥补因为资本流向国外而减少的国内生产，还能有剩余。这个剩余就是投资国从事国际投资的收益。对于接受投资国（B 国）来说，国际投资使其生产增加了 $PUQS$，在支付投资国的投资收益 $PWQS$ 后，还剩余 PUW。这个剩余就是接受投资国接受国际投资的效益。可见，母国和东道国都应该鼓励国际资本流动。

四、跨国公司对外投资的主要理论

第二次世界大战结束后，国际对外直接投资以前所未有的速度迅猛发展。时至今日，伴随着经济全球化的浪潮，国际直接投资更是在国际经济发展中起着举足轻重的作用。投资的快速发展，急切需要理论的支持，国际直接投资理论也随

之几经演变、发展。其中重要理论有如下 4 个。

（一）垄断优势理论

1960 年，美国学者海默（S. Hymer）在其博士论文《国内企业的国际化经营》一文中，第一次提出了厂商垄断优势理论，该理论主要阐述美国跨国企业的对外投资行为。1969 年，其导师金德尔伯格（C. P. Kindieberger）进一步完善了这一理论，从而建立了垄断优势理论，又称“海默—金德尔伯格”理论。

海默提出由于国内和国际市场的差异，美国企业在国内具有其独特的垄断地位，通过向海外投资，来实现这一优越性。他认为市场中存在 4 种不完全性：一是产品和生产要素市场的不完全性；二是规模经营的不完全性；三是政府干预引起的不完全性；四是关税壁垒引起的不完全性。正是这些不完全性，导致跨国企业具有比当地企业更多的优势。

后来，西方许多学者对此理论进行了补充，但它也存在着缺陷。例如，这一理论可以解释发达国家占有相对优势企业的跨国行为，但无法解释发展中国家的国际投资行为。

（二）产品周期理论

1966 年，美国哈佛大学教授弗农（R. Vernem），在其论文《产品周期中的国际投资和国际贸易》中，提出了产品生命周期的三阶段的国际贸易理论。他认为一个生产产品有三个生命周期：一是产品的创新时期，这时候产品刚刚设计出来，技术优势占主导，而其他因素为次要，企业有选择的在国内进行生产。二是产品成熟时期，这时产品技术已经成熟，并且其他企业也可仿造，技术已不占完全优势，开始考虑价格与成本。企业有了向外扩展的需求。三是产品标准化期，技术已完全普及，价格与成本为主导因素，这时，把生产转移到发展中国家更有利于利润的获得。弗农这一理论是对垄断优势理论的有力补充，同时也为国际生产折衷理论铺垫很好的基础。

（三）内部化理论

内部化理论是1976年由英国经济学家巴克莱（P. Buckley）和卡逊（M. C. Casson）在其专著《跨国公司的未来》中提出的。内部化理论认为，跨国经营的企业为了保护自身的利益，获得更多利润，以克服外部市场的障碍通过交易机制和控制权的转移，使外部市场内部化。通过海外直接投资，建立企业内部市场体系，从而降低成本，减轻风险。该理论认为，中间产品市场的不完全竞争，是导致企业内部化的根本原因。这里的中间产品是指知识产品，正是企业在进行知识产品交易时存在着泄密的危险和定价的困难，因此，企业通过内部组织体系，以较低成本在内部转移，从而占有优势。内部化理论是西方研究国际投资的一个重要理论，有很强的适用性。它较好地解释了企业跨国经营行为，并同其他理论相互融和贯通。

（四）国际生产折衷理论

1977年，英国经济学家邓宁（J. H. Dunning）在其论文《贸易，经济活动的区域和跨国企业，折衷理论探索》中，首次提出了国际生产折衷理论，用以解释日益复杂的跨国投资行为。这一理论综合了几个著名的理论：内部化理论，区位理论，垄断优势理论等，可以说取长补短，因而具有很大的通用性和权威性。邓宁认为，企业进行对外投资必须具备三个优势，即所有权特定优势、内部化特定优势、区位特定优势。这三个条件缺一不可。而这三个条件又直接决定企业对外开放的形式，即对外直接投资、商品出口和特许权转让。缺少其中任一个条件，都会导致策略的变化。邓宁的国际生产折衷理论是国际直接投资理论发展史上的一个标志性理论。自此以后，国际投资理论进入了成熟发展时期。但这理论仍存在着缺陷，最明显的就是没有创新。

第二节　发达国家对外投资的实质分析

通过对上述发达国家对外投资理论的简介，人们不难发现，发达国家对外投

资的基本目的和动因是有所差别的，但追求高额利润、争夺国际市场、进行国际扩张和国际掠夺的本质并没有改变。特别是第二次世界大战以后，伴随科技革命和生产力发展速度的不断提高，以及资本国际流动和经济全球化发展的步伐加快，越来越多的发展中国家采取了对外开放的国策，并辅之以具体的、多样化的优惠政策，以吸引跨国公司的投资。这样，以发达国家的跨国公司为代表的资本输出，不仅形式多样，而且具有多重目的性。这包括：追求利润、利息、股息、汇价差；追求分散投资风险和市场扩张；追求廉价物力、人力资源；转嫁公害和转移环境污染；追求技术垄断、信息垄断；争夺和瓜分全球的自然资源等。在这些具体的目的之中，最根本的仍然是马克思所揭示的资本不断增值的价值运动。在这种运动中，更高利润率的获取是在激烈的市场竞争中实现的。而发达国家利用其在竞争中的技术、信息、管理等方面的优势，就能够保证资本输出的最低成本、垄断利润和超额收益。这样，对发展中国家而言，资本输入就意味着接受发达国家对资源的掠夺和对廉价劳动力的使用与剥削，并且给发展中国家的发展带来依附性等方面的负面影响。

当然，如果处置得当，资本输入也会给发展中国家的科技进步、市场开拓、产业升级、产品更新换代等方面带来积极影响，有利于推进发展中国家的工业化进程。因此，发达国家对外投资实际上是一把“双刃剑”，对东道国的发展有利有弊，而究竟利大利小则要视具体情况而定。

第三节　发展中国家利用外资的主要理论

关于发展中国家为何要利用外资，其目的和作用是什么？在理论上有多种解释和学术观点，这里是具有代表性的几种观点。

一、列宁的利用外资理论

“十月革命”胜利后，原苏联作为在经济上比较落后的社会主义国家，迫切需要发展社会生产力，加快经济增长的步伐。因此，列宁提出，怎样才能加速经

济发展？那就是要利用资产阶级的资本，找出一个经过实践检验的吸收西欧资本的办法。列宁甚至提出可以利用资本主义国家一切可利用的条件和因素，包括资金、技术和管理经验等。他提出，要“乐于吸收外国的好东西”，“苏维埃政权+普鲁士的铁路秩序+美国的技术和托拉斯组织+美国的国民教育等总和=社会主义”（见《列宁全集》第34卷，520页）。在利用外资方式上，列宁主张灵活多样，如租让制、合营制等。列宁认为，为利用外国的资金和先进技术，可以付出适当的代价，允许外商获得一定数量的利润，甚至是大量的利润，只要合理合法就不应限制。他提出，“即使他们嫌150%的利润，我们也在所不惜”，因为从长远看“这对我们是有利的”（见《列宁全集》第41卷，163～164页）。

二、钱纳里和斯特劳特的“双缺口理论”

钱纳里和斯特劳特是美国经济学家，他们在1966年提出了“双缺口理论”，以说明发展中国家为什么要吸引和利用外资。他们的基本观点是，在开放经济条件下，发展中国家要达到国民收入的均衡，就必须使社会总供给等于社会总需求，若实现不了这种供求平衡，那么就会产生“双缺口”，引起经济增长的波动，这就需要利用外资予以有效调节。具体内容如下。

$$国民收入（Y）=总供给（C+S+M）=总需求（C+I+X）$$

式中，Y=国民收入；C=消费；S=储蓄；M=进口；I=投资；X=出口。

将上式简化可得　　$S+M=I+X$

移项后可得　　$M-X=I-S$

式中，$M-X$ 表示进口与出口之差，称为外汇缺口；$I-S$ 表示投资与储蓄之差，称为储蓄缺口。

在“双缺口”关系式中，投资、储蓄、进口、出口都是独立的经济变量，它们共同作用于发展中国家的经济增长。在实践中，出现外汇和储蓄的双缺口，是发展中国家在发展过程中经常遇到的事情，需要通过一定的调整方式予以弥补或平衡。在理论上讲，实际可利用的调整方式，只有不利用外资和利用外资两种。在不利用外资的条件下，只能通过增加出口或减少进口的办法来平衡外汇缺

口，这势必造成部分国内生产要素得不到充分利用，有可能严重制约发展中国家的经济增长速度，这是一种消极的、被动的调整方式，一般不宜为发展中国家选用。而在利用外资条件下，外资本身可直接代表进口和充当投资，又可间接代表增加储蓄和扩大出口，从而能够积极主动地弥补储蓄和外汇的不足，有力推进发展中国家的经济增长。这是一种主动的、有效的调整方式，发展中国家自然很愿意选用。

三、导致贫困和依附的利用外资理论

第二次世界大战以后，许多发展中国家为振兴经济大量引入外资，但不是所有类型的外资都对发展中国家有利，或者说发展中国家因忽视利用外资的后果而深受其害，尤其是通过拉美国家利用外资的实践，许多人注意到有的外资对发展中国家产生了不利影响。从发展中国家利用外资的历史与现实的纵向角度考察，发展中国家在利用外资过程中，有三种依附型的情况：一是殖民地型依附，即发展中国家成为宗主国的殖民地；二是金融—工业型依附，即发展中国家依附于发达国家的资本，致力于初级工业品或资源品的生产以用于出口；三是技术-工业型依附，即发展中国家的工业化发展依附于发达国家的技术转让和零部件、原材料的供给，使发展中国家变为发达国家跨国公司中的一个组装分厂或组装子公司，生产的产品也主要用于国内消费。还有的学者认为，利用外资的过程是发展中国家民族经济逐步走向衰亡的过程，也就是自主、自由地依附于发达国家经济的过程。总之，这方面的理论学术观点还有很多，其核心是提醒发展中国家必须注重防范利用外资的负面效应和消极后果。

四、邓小平的利用外资理论

邓小平在 20 世纪 70 年代末为中国的经济发展制定了改革开放政策，充分利用外资来发展社会主义是邓小平同志对外开放思想的一个重要内容。邓小平认为，“要利用世界上一切先进技术、先进成果。我们要把世界上一切先进技术、先进成果作为我们发展的起点”。他提出，“资本主义已经有了几百年的历史，

各国人民在资本主义制度下发展的科学和技术，所积累的各种有益的知识和经验，都是我们必须继承和学习的。我们要有计划、有选择地引进资本主义国家的先进技术和其他对我们有益的东西”。在利用外资问题上，邓小平同志一贯强调要“大胆地用、充分地用”外资，这一观点是经过深思熟虑而得到的科学结论，是对“既无外债又无内债是社会主义优越性”的校正，拨开了担心“多一份外资多一份资本主义”的认识迷雾，为我们利用外资奠定了坚实的理论基石。同时，在大胆的前提下，我们利用外资还必须结合我们自己的实际情况，既要解放思想，也必须实事求是，必须充分考虑自己的偿付能力。

邓小平关于利用外资的一系列论述，是建设有中国特色社会主义理论的有机组成部分。邓小平利用外资思想是马克思主义国际分工理论的创造性继承和发展，从而具有强大的理论生命力。“十月革命”后，列宁曾大胆提出利用外资，但当时只是作为新经济政策的一种过渡措施；而邓小平在新的历史时期提出利用外资的政策构想，不仅是从中国现代化建设的长远目标来考虑，而且是把利用外资作为在国际经济竞争中战胜资本主义的一个政策，一个战略性措施来设计的。这要比列宁所主张的利用外国资本的思想前进了一大步。

第四节　发展中国家利用外资动因和实质的综合分析

从根本上说，发展中国家的经济比较落后，与发达国家相比差距很大。要加快发展，逐渐缩小差距，发展中国家就不能仅靠自身经济实力的积累，搞封闭的一国经济体系内的自我发展。原因是，绝大多数发展中国家与国际社会相比，都存在着某种程度的市场、资源、资本、技术、管理经验等方面的劣势，要弥补或消除这种劣势，就必须充分利用外资。因此，充分利用国际市场和国际资源，大力发展本国的生产力，加速本国经济的可持续发展，是发展中国家利用外资的根本目的和实质。由此出发，具体分析发展中国家利用外资的基本动因，就是经济利益关系的驱使（这里不考虑政治、军事、文化等方面的利益关系问题）。这种经济利益关系是由投资国与接受投资国共同决定的，体现着一种报酬与代价、收

益与损失的对立统一关系。也就是说，它既要满足处于接受投资国地位的发展中国家的利益要求，又要满足处于投资国地位的发达国家的利益要求，只有当这两个方面的利益要求达到相互协调或均衡时，这种经济利益关系才能长期维持下去。所以，发展中国家利用外资是要付出代价甚至是沉重代价的，但这种代价并不能掩盖利用外资的收益或积极作用，也就是说无论在理论上还是在实践中发展中国家都要求把这种代价降到最低点，以使收益远远大于风险与损失。

事实上，发展中国家利用外资的代价有多种表现形式，大体可归结为两大类：一类是可承受的代价，包括正常的利润、利息、股利、技术使用费、管理培训费等方面的支出。另一类是不可承受的代价，包括市场采购与销售渠道的限制，设备、技术使用用途的限制，税赋转嫁或异地避税，低价倾销，过度的资本冲击和投机，环境和资源的破坏等。所以，发展中国家在利用外资过程中，必须加强宏观调控和微观监管，以确保把代价控制在可承受的限度之内。再进一步考察这种利益关系的基本内容，还可将其归纳为两个主要方面：一是这种利益关系有多种表现形式，如直接利益与间接利益，宏观利益与微观利益。二是这种利益关系既反映利益争夺与利益互让的关系，又体现发挥优势与利益实现的关系。也就是说，投资国与受资国之间存在着一定的互利关系，而这种互利关系的实现主要靠优势发挥。如果处于受资国地位的发展中国家有充足的廉价劳动力，那么它的利益实现主要反映劳动力资源的优势；如果处于投资国地位的发达国家有充足低利率的资本，那么它的利益实现主要反映资本的优势。当然，在实际国际市场竞争中，一国的比较优势之处并不是固定不变的，但在相当长的时间内具有相对的稳定性。

既然发展中国家利用外资的基本动因是利益驱使，那么具体分析这种动因，就有了微观利益和直接利益的角度，同时也有了宏观利益的角度。一方面，从微观利益和直接利益的角度分析，发展中国家利用外资的动因非常广泛，内容极为多样，有效开发劳动力资源和增加就业，获取先进的管理经验，有效提高市场竞争力和扩展国内外市场，弥补资金缺口和增加外汇收入等。对这些具体的、直观的动因，实际可以归纳为技术、资金、信息、物质资源、就业、市场、生产经营

管理、国民收入、制度创新、行为观念10个主要方面。也就是说，发展中国家为获得技术、资金、信息、管理经验、国际市场和资源，为扩大就业和提高国民收入，为改革经济管理体制和转换经营机制，为冲破陈旧、落后的思想观念和行为准则，就必须实行对外开放，充分利用外资。另一方面，从宏观利益角度分析，发展中国家利用外资的动因也是多种多样的。包括恰当地参与国际分工、充分发挥自身比较优势，优化各种资源的配置，促进产业升级、产业结构调整和新兴产业的发展，有效协调区域经济发展，增加国民收入、财政收入和外汇储备，有效保证物价和币值的稳定等。当然，对发展中国家利用外资的动因，还可以从短期利益、间接利益等方面作出一定的解释。总之，发展中国家为了发展社会生产力，实现经济高质量的持续增长，就必然要受各种经济利益的驱动，有效利用外资。但在利用外资的过程中，一定要保持清醒的头脑，对国际垄断资本的掠夺本质要有清醒、明确的认识，要争取以较小的代价换来较大的利益，采取一系列措施保护自己的经济安全、经济独立和经济主权，把利用外资的负面效应控制在可承受的最小限度之内。

无论是对外投资还是利用外资都是以国际资本流动理论为依据的，随着经济全球化进程的加快，国际资本市场上的一体化越来越明显。在这种大背景下，中国农业利用外资，既面临机遇，又面临挑战。

纵观中国农业利用外资的发展历程，从总体上来讲，中国农业利用外资对经济增长起了不可替代的作用，但也存在着不少突出问题，本书正是努力通过对农业利用外资的实践的分析，寻找农业利用外资的制约因素，以期为今后农业更好地利用外资提供合理的、科学的理论依据。

第三章

中国农业利用外资的状况

农业，在漫长的中国历史进程中，一直是国民经济的基础；农业问题解决得妥当与否，决定着中国经济整体的发展进程。新中国成立后，虽然中国为改善农业生产条件，提高农业生产力与农民收入做出了不懈努力并取得了很大成就；但从总体上来说，中国农业仍然非常脆弱，长期存在的“剪刀差”问题和对农业的低投资，阻碍了中国经济的发展。

就中国自身而言，增加农业投资受客观与主观双重因素的限制。客观上，中国是一个发展中国家，不可避免地要受到由于发展程度低下而出现的国内储蓄水平低、积累的财力有限等因素的制约，缺乏大幅度增加农业投资的经济实力；主观上，20 世纪 90 年代之前，中国片面地认为现代化的社会就是工业的社会，在孜孜不倦地追求工业化与城市化的进程中，社会经济发展战略偏重于工业与城市，农业与农村往往被忽视。农业处于这种需要资金而又难于取得资金的困境，便直接诱发了对外资的需求。

第一节　中国农业利用外资的发展历程

改革开放之前，由于政治因素的影响，中国农业利用外资微乎其微。从新中国成立初期至 20 世纪 50 年代末，中国主要发展了与苏联和东欧社会主义国家的农业合作，进行一般性农业技术的交流和农产品资源的交换。进入六七十年代，农业对外合作的重点转向外援方面，侧重于向亚非一些国家提供援助。1978 年

以后，中国农业利用外资才真正开始，经过30多年的发展，已经取得了显著成就。中国农业利用外资的发展历程大体上可以划分为5个阶段。

一、起步阶段（1979～1984年）

在这一阶段，中国农村经济改革刚刚开始，农产品的统购统销政策仍在实行，除了广东等省外，外商对农业的投资条件还不具备。外商直接投资在农业外资中的比例较低，外商农业投资的年平均规模仅为0.32亿美元，而且农业外资大多来自国际多边机构提供的贷款，以及政府之间的经济技术合作。1979年，中国政府颁布《中华人民共和国中外合资经营企业法》，并先后批准广东、福建两省，以及深圳、珠海、汕头和厦门在外商投资上采取灵活措施和特殊政策，鼓励外商投资企业来华投资，维护外商投资合法利益，外商开始来华进行投资。1981年中国政府启动对外开放政策，全国外商直接投资的发展刚刚起步。而这一时期中国农业底子薄，生产技术落后，并且农业仍处于计划经济体制下，农产品统购统销，农业虽然是外商投资企业最早进入的行业，外商来华投资风险大，外商投资的经济和政治条件都不具备，外商投资顾虑重重，外资引进存在较大阻力，农业引进外资步伐比较缓慢。

1981年，农、林、牧、渔业外商直接投资的协议金额为0.11亿美元；1982年外商直接投资协议额上升到0.15亿美元，比1981年增长了37.76%；1984年农、林、牧、渔业外商直接投资的协议金额大幅增长，达到0.79亿美元，为这一时期的最高水平。但从1981年到1984年，农业领域内的外商直接投资每年的协议额都未达到1亿美元，全国农业领域累计外商直接投资协议额约1.23亿美元。总体来看，农业外商直接投资处于不断增长趋势。1983～1985这三年，中国农业利用外资的协议金额共2.23亿美元，平均每年协议利用外资0.74亿美元，这种不断增长的趋势开始显现（张彩霞，2010b）。

二、发展阶段（1985～1991年）

在这一阶段，正是中国经济发展的"七五"期间，农村经济体制改革已走

过了初期阶段，对外贸易和外商直接投资成为中国经济发展推动力量，在这一阶段外商农业投资额平均上升到每年 1.46 亿美元。农业作为国民经济的基础和重要组成部分，农业发展一直是中国政府关注的重点，中国政府大力鼓励外资在农业领域中的引进。“七五”期间，中国农村经济体制改革进一步深入，家庭联产承包制的实施将农业生产积极性已调动起来，市场经济已有了一定的基础，部分农产品市场价格已经开始逐步放开，与百姓生活密切相关的菜篮子工程在各地开展，肉、蛋、菜、水果价格已逐步放开。与此同时，国家加强了有关外商投资的方法工作，陆续颁布了一些法律和法规，改善了外商在华投资的环境。国家先后出台《鼓励外商投资的规定》，《中华人民共和国中外合作经营企业法》，加强了有关外商投资的立法工作；陆续颁布了一些法律和法规，给予了外商投资企业更为优惠的待遇；简化外商投资审批程序，改善了外国在华投资的环境。人民收入的提高导致农产品供不应求的现象普遍存在，农产品价格不断提高，吸引了大量港商来华进行农业投资。与“七五”之前农业利用外资相比，“七五”期间农业利用外资总体发展水平有了很大幅度的提升（图 3-1）。

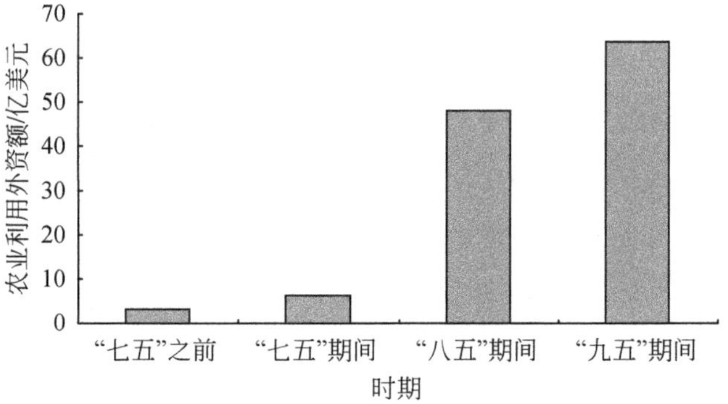

图 3-1　不同发展时期中国农业利用外资情况

资料来源：历年《中国统计年鉴》

三、快速增长阶段（1992～1995 年）

1992 年邓小平的“南行讲话”确立了市场经济发展的方向，极大地推进了

中国向市场经济体制转轨。之后，中国又相继出台了相关的外资促进政策，加强了对外资吸引力度，越来越多的外国投资者开始在华投资，这一阶段中国农业利用外资进入了快速增长阶段。从外商直接投资协议金额总量上看，中国外商直接投资在农业领域的发展速度是比较快的。国家开始农产品市场化改革，农产品流通体制发生重大变化，农业生产和经营市场化改革全面开展。农产品市场体系初步建立，吸引更多的外商直接投资的进入。1992 年中国农业外商直接投资的协议金额为 6.78 亿美元，项目为 1017 个，分别占到全国外商直接投资金额和项目的 1.17% 和 2.09%，比 1991 年的协议金额和项目增长了近 3 倍。仅“九五”前三年的平均协议利用外资额就有 11.12 亿美元，与“八五”时期的年平均协议利用外资额相比，又上升了 15.8%。1995 年农业外商直接投资协议金额已达到 17.36 亿美元，是自改革开放以来的历史最高水平。但这一阶段，也是农业利用外资在全国利用外资整体比重中最低时期。1992 年农业外商直接投资分别占到全国外商直接投资的金额和项目的 1.17% 和 2.09%。到 1995 年，农业外商直接投资分别占到全国外商直接投资的金额和项目的 1.90% 和 2.44%，农业外资协议金额比重虽有所上升，但都没有超过 2%。

四、稳步增长时期（1996 ~ 2002 年）

在这一阶段，不仅全国外商直接投资呈现出徘徊局面，而且农业利用外资的增长势头也出现滑落，整体增长水平低于 1992 ~ 1995 年。这一阶段，中国经济已经进入转轨的关键时期，外商对华直接投资也进入了一个新的发展阶段，特别是 1997 年亚洲金融危机以后，外商对华直接投资不仅受到国内环境因素的影响，而且与国际环境因素关系越来越大。

随着中国农业市场供求关系发生了根本性的转变，即由原来的供不应求转变为供大于求，农业经济发展的内部问题也逐步凸显出来，农村经济体制和运行机制无法与社会主义市场经济相适应。农民负担过重，农村土地、资金、技术、劳动力等生产要素流动受到体制限制，农民收入增幅持续下降。自 1997 年开始，农民收入增幅连续 4 年下降，2000 年收入增长速度只有 2.1%。农产品价格大幅

下跌，无法形成统一、开放、竞争、有序的农产品市场体系。在这种农业发展情况下，外商对华直接投资决策更加趋于审慎，一些中小企业在华投资逐步减少，而一些大型涉农跨国公司的在华投资增加。

1996 年中国农业外商直接投资的协议金额为 10.65 亿美元，项目为 812 个，分别占到全国外商直接投资的金额和项目的 1.45% 和 3.31%，1997 年农业外商直接投资协议额基本没有增长，1999 年农业外商直接投资协议额 14.71 亿美元，比 1998 年增长 22%，而 2000 年农业外商直接投资增长率下降到 0.71%。但这一时期，由于全国外商直接投资水平的整体下滑，农业外商直接投资金额和项目数量占全国吸引外资整体比重都有所上升，1997 年农业外商直接投资分别占到全国外商直接投资的金额和项目的 2.09% 和 3.88%，到 1999 年，农业外商直接投资分别占到全国外商直接投资的金额和项目的 3.57% 和 4.51%，农业外资协议金额比重是自 1985 年以来的最高水平。2001 年农业利用外商直接投资合同协议金额为 17.62 亿美元，占全部金额数的 2.55%。到 2002 年，中国农业利用外商直接投资合同协议金额达到 16.88 亿美元，同比下降了 4.1 百分点（图 3-2）。

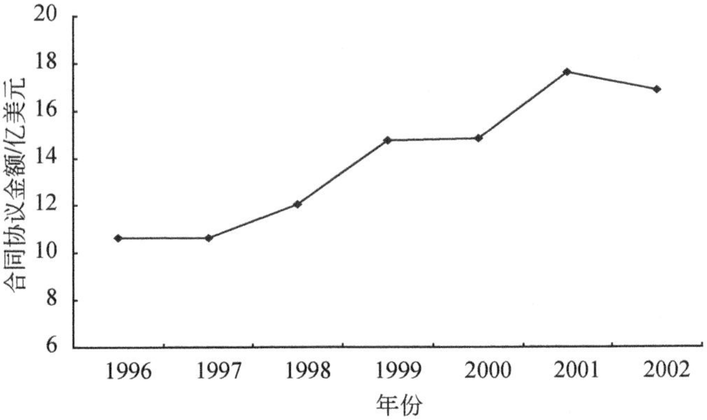

图 3-2　1996 ~ 2002 年中国农业利用外商直接投资情况

资料来源：历年《中国统计年鉴》

五、回落调整阶段（2003 年至今）

随着中国加入世界贸易组织，国家调整了外商投资企业的优惠政策，对外商投资实行国民待遇，外商直接投资大量涌入。随着中国农村经济体制改革深入，农村减负、减税，农村基本设施不断改善，农业投资环境发生重大改变，同时各地积极开展多种形式的招商引资活动，以境外招商、会议招商、代理招商、委托招商等形式，加大农业外资的引进工作，中国也按照入世承诺放宽外商投资领域，农业外资企业由初期单一办厂，发展到生产基地、流通贸易中介、休闲观光等综合农业项目开发，而农业领域外商投资涉及的范围更为广泛，涉及农业上游产业投资，包括农产品品种改良、农资、农用机械等，一些大型跨国公司在华投资项目包括高风险、高技术含量和高附加值的项目，如农业技术研发、农业生物制品生产、农产品品种改良等，畜牧业养殖与加工和农产品深加工也吸引大量外资企业投资，荒山、荒地、荒滩和未养殖水面的开发与利用等项目也成外商投资的重点领域。

2003 年开始，中国农业利用外商直接投资额开始出现回落的趋势。2003 年，中国农业利用外商直接投资额为 22.76 亿美元，2004 年为 11.14 亿美元，2005 年为 7.18 亿美元，2006 年达到这一阶段的最低点，仅为 5.99 亿美元，比 2003 年减少了 16.77 亿美元，减少幅度达到 73.68%。随着国际金融危机的爆发，各国纷纷采取财政紧缩政策，大幅减少对外投资总额，因而在一定程度上影响了我国农业利用外资的总量和成本。2008 年，我国外商直接投资农业企业数为 917 家，比 2007 年减少了 12.5%。但是，世界农产品价格全线上涨和中国国内良好的投资环境，使得中国在进入后危机时代农业利用外商直接投资的总体上还是呈迅速增加的趋势（图 3-3、图 3-4）。2006 年实际使用外资为 5.99 亿美元，2007 年实际使用外资为 9.24 亿美元，依然保持总体增长趋势。2010 年，中国共签订农业合同外资项目 929 个，实际使用外商直接投资金额达到 19.12 亿美元，进入了一个稳步的恢复性增长的发展阶段。

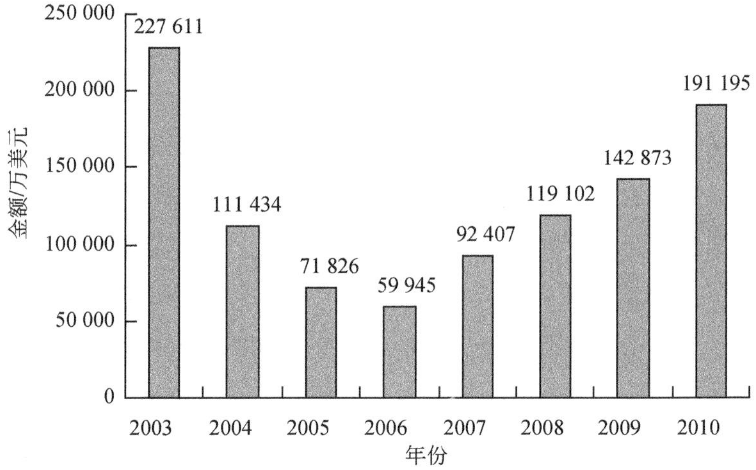

图 3-3 2003 ~ 2010 年中国农业利用外商直接投资金额

资料来源：历年《中国统计年鉴》

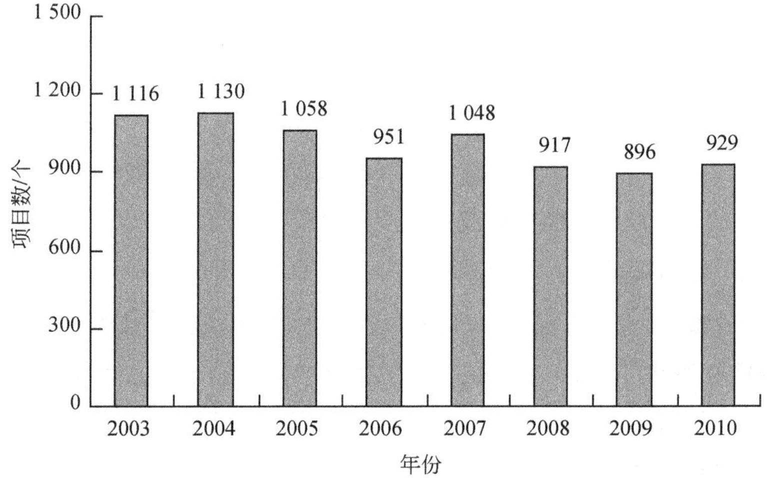

图 3-4 2003 ~ 2010 年中国农业利用外商直接投资项目个数

资料来源：历年《中国统计年鉴》

第二节　后危机时代中国农业利用外资的状况和新特点

一、后危机时代中国农业利用外资的状况

（一）农业利用外资的比例小，规模不够

改革开放以来，中国一直将农业作为重点鼓励外商投资的领域之一，农业利用外资总量也基本保持稳步增长的态势。1980～1988 年，中国农业利用外资的项目不足 2000 个，协议金额仅有 10 亿美元；2001～2009 年，农业实际利用外资超过 85 亿美元（图 3-5）。2010 年，中国共签订农业合同外资项目 929 个，实际使用外商直接投资金额达到 19.12 亿美元，是 2000 年的 2.8 倍，年均增幅达到 10.21%（表 3-1）。2011 年，农、林、牧、渔业领域设立外商投资企业 865 家，同比下降 6.89%，实际使用外资 20.09 亿美元，同比增长 5.07%，分别占当年中国新设立外商投资企业数和实际使用外资金额的 3.12% 和 1.73%。截至 2012

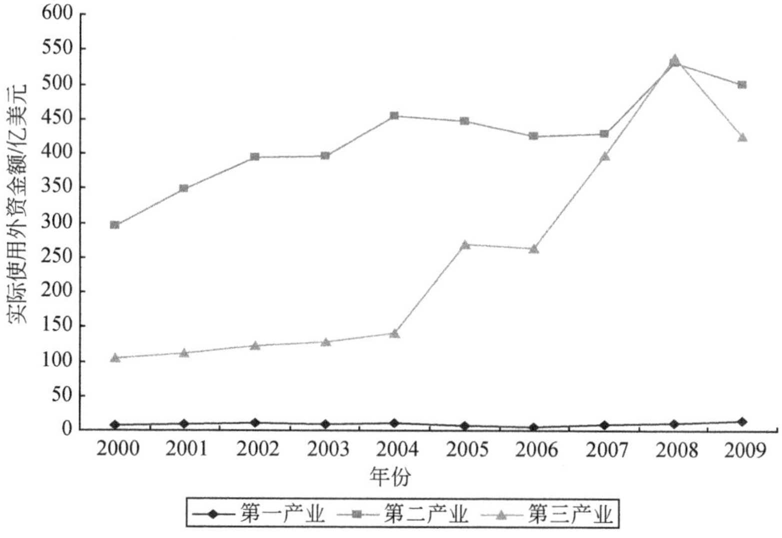

图 3-5　2000～2009 年中国吸收外商直接投资产业分布情况

资料来源：2000～2011 年《中国统计年鉴》

年7月，中国农、林、牧、渔业累计设立外商投资企业21 574家，实际使用外资138.12亿美元，分别占中国吸收外资总量的2.87%和1.56%。

表3-1　2000～2010年中国农业利用外商直接投资情况

年份	实际使用金额/亿美元	占外商直接投资总额比重/%	增长率/%
2000	6.76	1.66	-4.82
2001	8.99	1.92	32.96
2002	10.28	1.95	14.34
2003	10.01	1.87	-2.61
2004	11.14	1.84	11.34
2005	7.18	1.19	-35.54
2006	6.00	0.95	-16.54
2007	9.24	1.24	54.15
2008	11.91	1.29	28.89
2009	14.29	1.59	19.96
2010	19.12	1.81	33.82

资料来源：历年《中国统计年鉴》

但与此同时，与三大产业在GDP中的构成比例相比较，农业利用外资的比例明显不足。2009年第一产业增加值占国内生产总值的比重达到10.6%，第一产业吸收外商直接投资合同外资额为14.29亿美元，仅占全国吸收外商直接投资总额的1.52%，第二、第三产业则分别达到了53.24%和45.25%。截至2009年，第一产业利用外商直接投资的比重仅为1.99%，第二、第三产业利用外资所占的比重则分别达到63.43%和34.58%（表3-2、表3-3）。由此不难看出，与非农业部门相比，农业利用外资的比例极低。此外，目前中国农业利用外商直接投资项目规模普遍偏小，外方合作伙伴多是中小企业，跨国公司投资农业的比重仍然较低。外商投资规模过小，作用难以发挥，虽在一定范围内促进部分农产品的深加工和带动周围农户脱贫致富，但要在更深层次和更广范围内实现农业的产业化和集约化经营上难以形成更大的气候，在推动农业生产方式的根本转变上也显得力不从心。

表 3-2　2009 年中国吸收外商直接投资产业分布情况

产业名称	项目数/个	比重/%	合同外资/亿美元	比重/%
总计	23 442	100	940.65	100
第一产业	896	3.82	14.29	1.52
第二产业	10 324	44.04	500.76	53.24
第三产业	12 222	52.14	425.60	45.25

资料来源：2010 年《中国商务年鉴》

表 3-3　截至 2009 年中国累计吸收外商直接投资产业分布情况

产业名称	项目数/个	比重/%	合同外资/亿美元	比重/%
总计	683 327	100	21 570.86	100
第一产业	19 333	2.83	429.68	1.99
第二产业	480 163	70.27	13 682.51	63.43
第三产业	183 831	26.90	7 458.67	34.58

资料来源：2010 年《中国商务年鉴》

（二）农业利用外资的项目范围不广

从中国农业利用外资所涉及的范围来看，其包括农、林、牧、渔业的所有方面，但其中主要以农产品加工项目为主，投资农业内部（农、林、牧、渔）生产环节的相对较少（华树春，2012）。目前，中国在宏观上仅对一些大型的种植业项目和涉及许可证、配额的项目有政策引导，而其他大部分的农业项目均由各地政府自行审批。由于农产品加工项目投资少、易经营、利润高，加之政府政策宽松，审批较快，因此，外商投资中国农业的范围主要以农产品加工项目为主。在中国农业的其他领域，如荒山荒地开发利用、农产品品种改良、农业生物制品生产、中低产田改造等项目上，由于具有前期投资大、回收期长、投资风险高、不易于经营管理等不利因素，这些领域不具有投资的吸引力，一般很难吸引外商投资。外资投向产业结构不合理，表明中国通过利用外资来优化产业结构的目标在某种程度上还未实现。

二、后危机时代中国农业利用外资的新特点

（一）农业外资已由加工领域向生产、收购环节渗透

随着中国经济快速增长与居民消费结构不断升级，中国逐步形成了巨大的农产品和加工产品消费需求，食用植物油、果蔬加工、饲料利用、屠宰，以及肉类加工等成为外资进入的热点领域；同时外资在粮棉收购和对其生产利用也加快了战略布局并陆续投资兴建新项目。2009 年外商和港澳台地区商人投资油料加工企业的食用植物油年油料加工能力、年油脂精炼能力、食用植物油实际产量分别为 2819.6 万 t、1241.9 万 t、1255.8 万 t，分别占到国内总额的 25.9%、36.8% 和 45.4%。其中，益海嘉里居于国内食用植物油产量首位，达到 658 万 t。外资企业在加工领域快速发展后，对原料保障的要求迅速提升。2009 年后，大型外资企业直接进入原料收购市场，如四大粮商开始在在黑龙江、山东等省建立粮食购销企业；丰益集团在北京、江苏、四川、陕西等地建设面粉、油脂加工和粮油物流项目。他们通过委托当地的民营粮食收购企业或粮食系统改制剥离的粮库等主体代收待储。2010 年夏收期间，这一特征尤为明显，益海嘉里、路易达孚北京贸易有限公司（路易达孚）在江西、河南等地启动粮食收购，而且收购价格略高于当地市价，引发了激烈的市场竞购。虽然当前粮食收购主体中，国有粮企依然是主渠道，但外资企业的影响力已不容忽视（华树春，2012）。此外，在生产环节外资企业也悄然布局，如国际股份特征明显的艾格菲国际集团公司（艾格菲）于 2007 年收购了知名畜牧饲料企业南昌百事腾牧业有限公司（百事腾）的江西和福建分公司，以及两地的 14 家养猪场，在 15 个省、市、区建立饲料连锁店 900 家；朝日啤酒株式会社、伊藤忠商事株式会社和住友化工株式会社等日本跨国公司在山东莱阳兴建了农场。

（二）外资逐步向产业链条较深、利润较厚的农业相关产品延伸

农业外资投资产品正逐步由直接的农副产品加工向农业产业链条较深、利润

较厚的农药、饲料、畜禽养殖和生物育种等农业相关产品延伸。2008 年 6 月，蓝山中国资本携同凯鹏华盈中国基金宣布完成对生物农业企业——江西天人生态工业有限责任有限公司 3000 万美元投资，成为目前中国最大的白僵菌农药生产商。艾格菲因为看好中国的农牧业市场，先后投资收购南昌百世腾牧业有限公司、上海百世腾饲料有限公司、广西汇杰科技饲料有限公司等饲料生产企业，拿出 1 亿多美元投资国内的养猪行业，在江西、上海、福建、广西、海南等地投资收购建设了现代化的养猪场和商品肉猪生产基地。现已拥有 30 余家万头以上规模猪场，成为在中国唯一能够提供 50 万头以上生猪的供应企业。先锋良种国际有限公司（杜邦先锋）、孟山都、美国岱字棉国际技术公司、法国利马格兰股份有限（利马格兰）公司、英国先正达有限公司（先正达）等世界前 10 强种业公司都已在中国设立了办事处或合资公司，生产经营范围也由原来的蔬菜、花卉逐步延伸到粮棉油等主要农作物。孟山都早在 1996 年、1998 年就分别在河北、安徽成立了合资公司，经营美国转基因棉花品种（王志丹，2009）。21 世纪，转基因棉的种植主要分布在江苏、安徽、湖北、山东、新疆等省份。2002 年，转基因棉迅速占领了国内 35% 的市场份额，之后市场份额连年飙升，2005 年就已经超过了 70%。尽管近年来，我国棉花种植总量有所下降，但 2009 年，我国 540 万 ha 的棉花种植面积中仍有 68% 的耕地种植转基因棉花。到 2010 年，我国国内转基因棉花种植面积已经由 1998 年的 380 万亩①，增加到了约 5240 万亩，所占份额到达了总种植面积的七成以上。

（三）农业内部利用外资的投资结构分布逐步趋于合理

从目前中国农业利用外资所涉及的范围来看，其包括了农、林、牧、渔业的所有方面，但其中主要还是以农产品加工项目为主，投资农业内部（农、林、牧、渔）生产环节的相对偏少。种植业和养殖业利用的外资则大多集中在水产畜牧和花卉上（罗松远，2010）。近些年，由于国际粮食和农副产品价格大幅上扬，

---

① 1 亩≈666.7m^2

一批有实力的跨国涉农公司大规模投资粮、棉、油等开发和生产项目。林业利用的外资75%以上集中在营造林和木竹材加工上。牧、渔业利用的外资则主要集中在其产品的生产、加工和销售方面。但与此同时，我们还注意到，农业中荒山、荒地、荒滩的开发，中低产田的改造，生物技术研发，农产品品种改良等项目，因投资大、回收期长，风险高，不易于经营管理，一般很难吸引外商投资。因此，各地方政府部门应加大在这些方面的利用外资的力度，从而有力促进中国农业经济的快速稳定发展，有效提升中国农业经济的国际竞争力。

（四）并购成为农业利用外资的主要方式

外资特别是跨国公司进入我国农业领域、并购农业企业的主要动机已不仅仅限于投机性收益，而是旨在通过垄断商品与投资市场，抢占农业资源、技术和人才，推进全球经营战略。近年来，跨国公司一般不与国内龙头企业或实力企业直接竞争，而是采用“斩首战术”，先并购同行企业中龙头企业或几个国内实力企业，改变市场竞争格局，再凭借其技术、资金、规模和品牌优势排挤国内同类企业，抢占市场份额，进而垄断市场。

就农业领域而言，并购已经成为外资进入中国农业领域的重要形式。2003年，外资并购我国上市公司两起，2004年增加到7起，美国的高盛集团（高盛）并购肉类加工企业——河南的双汇集团（双汇）一项就达2.5亿美元，占当年我国并购使用外资14亿美元的17.9%。此后，2005~2007年，啤酒、葡萄酒、白酒成为并购目标，四川全兴集团、古井贡酒有限公司、四川文君酒有限公司等企业被外资高比例持股。然而，跨国公司对国内农业龙头企业的并购活动极有可能会危及中国农业产业安全。实际上，在农业内的某些子行业部门已经出现外资占有多数资产控制权的现象。在大豆产业，外资参股或独资的大豆加工企业占领国内市场份额的85%。在乳制品业，外资参股或独资企业已占领了1/3以上市场。在饮料和饮用水上，2008年，饮料巨头可口可乐公司拟出资约24亿美元收购汇源集团，外资品牌的市场占有率已经达到90%以上。外资对农业产业的大举并购，控制了农产品原料价格，控制了以农副产品为原料的加工业，削弱中国农业

产业和市场控制力，影响了中国农业产业安全乃至国家经济安全。因而，我们需要对意在进行行业控制的恶意并购现象提高警惕，有必要加快制定农业产业安全的防范政策，谨防国际资本对农业基础产业链和价格的操控，更要预防国际资本在高位获利后骤然撤退所带来的消极影响。

第三节　中国农业利用外资的效应分析

一、中国农业利用外资的积极效应

（一）增加了农业资本存量，弥补了农业投资的不足

资本对于农业的增长来说，更是极为重要。农业再生产是自然再生产与社会再生产的交织，两种再生产有机地统一于一个过程之中，缺一不可。为了扩大农业再生产，就必须从农业自然循环的外部增加能量和物质的输入，投入越多，农业产出也就越多。而且，相对于农业产出的增长，农业投资需求的增长要具有超前性。因为农业投资建设周期比较长，基础效益的发挥带有滞后性，没有超前的农业投入就无法保证农业持续稳定的高速增长。就中国农业利用外资而言，最基本、最直接的效应便是增加了中国的农业资本存量。资本积累是促进经济发展的最为重要的构成因素，而发展中国家普遍存在国内投资不足的问题，因此，吸收外商直接投资可以在一定程度上促进中国农业经济的发展。

首先，外国资本的流入可以通过增加政府收入和国内储蓄的形式促进农业资本的形成。外商直接投资企业可以直接通过纳税、契约费用等形式增加政府收入，还可以通过增加就业直接增加居民储蓄总量，从而弥补现实中存在的储蓄缺口；其次，外国资本对农业和相关产业投资的连锁效应与牵动效应可以带来互补性投资。当外资进入农业产业链的某个环节，不仅会吸引工商企业，科研单位也配合国际资本共同向农业项目增加投资，而且还可以带动国家、地方、集体和农户自筹配套资金增加对农业的投入，形成投资乘数效应，这种乘数作用会通过前向和后向联系传递到农村其他产业和国民经济其他部门，从而促进农业经济发展

和国民经济增长。

（二）推动了农业技术进步和农业产业升级

增加农民收入，解决中国“三农”问题的主要突破口就是使农业逐步现代化。农业现代化的主要内容就是将机械技术和生物技术这两大主要技术与稀缺的土地资源或稀缺的劳动力资源有效结合以提高劳动生产率。但这两类技术在中国农业中还未得到广泛使用。中国现阶段农业科研成果推广率只有 50% 左右，在农业增长中的贡献率只有 30%。这些主要归因于中国的农业科研投资不足，技术创新力量薄弱。然而，通过农业利用外资则可以把国际先进的农业技术转移到中国，有力地推动中国农业技术进步和农业产业升级。

就农业而言，跨国公司作为国际直接投资最重要的实施者和微观主体，既是世界先进技术的主要生产者和拥有者，又是国际技术市场上的主要传播者，从而构成国际技术转移最主要的载体。因此，跨国公司资本的流入无疑将成为中国农业获取国外先进技术的重要途径。一方面，外商往往通过直接投资的方式将先进技术转移给其分支机构，产生直接效应；另一方面，跨国公司通过在中国设立的分支机构所产生的技术扩散和外溢效应，产生间接效应。直接效应体现为跨国公司投资时所带来的先进设备、优良动植物品种、加工工艺、营销技能和管理经验等，间接效应体现为跨国公司进入所产生的传染效应、示范效应、竞争效应、关联效应和“干中学”效应（图 3-6）。两方面对中国积极引进、消化、吸收国外先进技术，加速农业技术进步和农业产业结构升级都具有十分重要的推动作用。

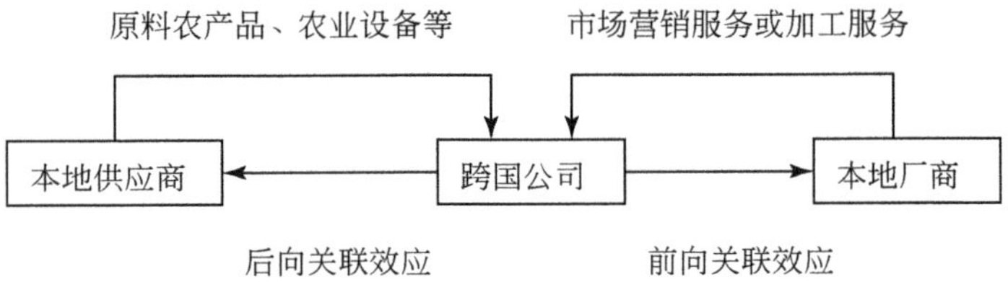

图 3-6　农业利用外资的技术转移关联效应示意图

（三）改善了农业生产条件和农业生态环境

农村基础设施建设和整体农业生产环境改善，一直是中国农业利用外资的投放重点领域之一。通过引进国际资本项目，积极引导和鼓励国际资本进行大规模的农田整治、荒山和荒地开发、农田水利设施建设、购置农业机械、农用电网和农村公路建设、农村通信建设等，从而有效改善了中国农业生产条件和农业生态环境，减少水土流失，增强了农业生产对于自然灾害风险的防御能力，大幅提高了农业生产力水平和生产效率，为农业和农村经济快速可持续发展，综合开发农业资源奠定了坚实的基础。

（四）优化了农业产业结构，促进了产业间的协调发展

农业利用外资有利于缩小其与国民经济第二、第三产业的投资差距，改善和优化中国产业投资结构，促进产业之间的协调发展。农业利用外资对于农业产业结构的影响可以从供给和需求两方面进行分析。首先，从供给角度，当外资进入某一产业，一方面可直接加剧该产业的竞争并改变该产业的竞争格局。另一方面，通过关联效应还会引起该产业和其上下游产业供求关系的变化，通过产业链的作用进一步扩散到其他产业，从而引起产业结构的整体变动。其次，从需求角度来看，农业利用外资还可以通过外资企业的进出口来影响农业的产业结构。中国的生产要素资源配置总是向低度产业倾斜，因此，国际贸易的静态比较利益不利于其产业结构的高度化。然而，从动态比较优势看，一方面，发展中国家的出口部门在全球化的竞争压力中通过“干中学”可以促进本国对于国外农业科学技术的引进、消化、吸收，加快本国农业技术进步，另一方面可以通过将出口农产品的收入用于引进技术或购买资本品，来推动国内农业产业结构的优化。

（五）促进农村人口就业，提高劳动力素质水平

外商投资在我国的生产经营活动都能直接和间接地创造就业机会。首先，由于资本总是与一定量的劳动力相结合的，因此，当跨国公司在中国投资设厂而雇

佣当地的劳动力时，将直接为我国创造一定量的就业机会；其次，由于外资特别是跨国涉农公司具有广泛的前向和后向联系，可以间接促使农户、供应商、销售商创造就业机会。尤其是当跨国公司在农村地区投资建厂，设立乡镇企业后，往往会促进我国与之密切联系的农业生产资料、农产品供应行业和消费行业的发展，间接增加就业机会，促进农村剩余劳动力的转移，进而切实提高中国农民的收入水平。

与此同时，跨国公司为了使本地的雇员尽快熟悉业务，会对他们进行一系列的业务培训，从而提高这些人员的从业素质水平，生产效率也相应提高。对于农业而言，中国 14 亿人口中，农民的数量占到将近 50%，农村劳动力比较，农民的受教育程度相比城镇居民要低许多。而农业利用外资不仅可以转移相对过剩的农村劳动力，还可以通过“技术外溢”效应提高农民的素质水平，从而进一步提高我国农业的劳动生产效率。

（六）推动了农业产业化经营的发展

国际资本对中国农业进行投资，一般是通过建立规范的公司形式来具体运作的，在带来大量资金的同时，还引进了现代农业的生产和经营方式，改变了过去长期存在的脱离市场发展单纯的种植、养殖业的传统做法。企业通过合同契约的方式，与广大农民结成生产、加工、销售一体化的经济实体，组织农户按照市场需求进行生产，解决了千家万户的分散生产和社会化大市场对接过程中的诸多困难，有利于克服农业生产中存在的产、供、销相互脱节的弊端，加强了农业生产、加工、流通等环节的内在联系，有效地延伸了产业链条，提高了农产品附加值，从而提高了中国农业的市场化、社会化和集约化水平。

（七）加快中国出口贸易的增长

对于许多发展中国家来说，丰富的自然资源和廉价的劳动力资源使某些资源密集型和劳动密集型产业具有比较优势，但发展中国家当地企业在出口资源密集型和劳动密集型产品时，通常会面临一系列难题，而跨国公司往往具有遍布全球

的营销网络，了解国外关于产品检验、规范和安全等方面的标准。因此，吸引外资投资农业，使得外国资本自身的技术优势、营销优势甚至名牌优势与中国农业的劳动力优势、资源优势结合在一起，将大大减少进入外国市场的障碍，有助于扩大中国农产品的国外销售渠道，带动中国农产品的出口贸易，进而有效提升中国农产品的国际竞争力。如表3-4所示，不难看出，外商投资企业的货物出口对中国货物出口的贡献占据绝对优势地位。2000～2008年，外商投资企业的货物出口额一直保持稳步增长的态势，年均增长率达到27.07%。即使是在2010年，世界经济遭受了国际金融危机的不利影响的环境下，中国外商投资企业的货物出口额也达到了8622.29亿美元，占中国货物出口总额的54.65%。

表3-4　2000～2010年外资企业货物出口占中国货物出口的比重情况

年份	总出口		外商投资企业出口		外商投资企业出口
	金额/亿美元	增长率/%	金额/亿美元	增长率/%	占总出口的比重/%
2000	2 492.00	—	1 194.41	—	47.93
2001	2 661.00	6.78	1 332.18	11.53	50.06
2002	3 256.00	22.36	1 699.85	27.60	52.21
2003	4 382.30	34.59	2 403.06	41.37	54.84
2004	5 933.20	35.39	3 386.07	40.91	57.07
2005	7 619.50	28.42	4 441.83	31.18	58.30
2006	9 689.40	27.17	5 637.79	26.93	58.19
2007	12 177.80	25.68	6 953.71	23.34	57.10
2008	14 306.90	17.48	7 904.93	13.68	55.25
2009	12 016.10	-16.01	6 720.74	-14.98	55.93
2010	15 777.5	31.3	8 622.29	26.29	54.65

资料来源：历年《中国统计年鉴》

二、中国农业利用外资的消极效应

事物都有两面性，中国农业利用外资在解决就业、促进农业科技进步、提高农业科技创新能力、加快农产品出口贸易的同时，也必然会付出一定的代价，给

中国的经济建设和社会发展带来一定程度的消极效应。

（一）削弱了中国农业的自主创新能力

以跨国种业公司为例，国外跨国种业公司进入中国市场后，一方面会凭借着雄厚的科技实力、充足的科研经费、先进的育种手段，针对中国种子市场需求，在较短时间内培育出适销对路的品种，迅速取得垄断地位；另一方面会加紧对中国的技术资源，尤其是高科技人才的掠夺。跨国种业公司为研发人员提供高薪和良好的工作环境，使得国内许多种子公司和科研单位的大批人才被外资公司所吸引，而往往一些属于保密范围内的技术和研究项目也可能随着人员的流动而流失。此外，由于受中国种子行业分散、科技投入不足、科研手段相对落后、受体制束缚严重、缺乏足够的市场空间，以及无法成功地实现商业化等因素的影响，中国种业的科研部门面临逐步萎缩的危险，无法充分发挥其技术积累、人才培养等基础性功能。长此以往，跨国种业公司将会把中国作为其生产基地，逐步取消或削弱合资中中方的研发机构，使中国在获得跨国公司生产能力的同时，减弱了本国的技术开发能力，或是在一些中国本来已经形成较强研发能力的产业领域，由于产品市场已被外资企业所占有，国内的研发工作因失去依附而被取消或削弱，强化了对跨国种业公司的技术依赖，从而严重地削弱了中国种业的科技自主创新能力（王志丹，2009）。

（二）加剧了农业人才争夺，造成中国人才流失严重

当今世界各国都面临着人才供给极度匮乏的问题，对人才资源的竞争日趋激化，美国、日本和欧洲等发达国家和地区纷纷采取各种措施，千方百计争夺高科技人才。外资进入中国加剧了对本地人才的争夺，对本地企业的发展起到了一定的负面影响，即所谓的人才内敛效应。跨国涉农公司除了利用资本、技术、良种、信息等优势打入中国市场之外，为了达到长期占领中国市场的目的，还积极采取本土化战略，利用其雄厚的资金实力以高薪挖走那些在农业领域内有科技成果、有经营头脑、熟悉中国农产品经营渠道的优质人才，直接导致中国农业人才

在竞争中流向外企，从而进一步加剧了中国农业人才的严重流失，这将给中国农业企业的生存发展构成巨大的威胁。

（三）招商引资恶性竞争，引资代价过高

中国早期在东南沿海利用外资对经济发展的促进效应为其他地区做出了示范（叶军，2007）。各地政府为了发展地方农业经济，纷纷出台各种措施提升本地农业吸引外资的竞争力。但问题是由于各地区各部门逐渐把招商引资行政职能化，把招商引资的多少作为官员政绩考核的一个指标。各级地方政府有关部门，在农业吸引外资的过程中不计成本，对外商争相让利，甚至有的时候是违背原则的盲目让利。例如，违反法律和原则对外商投资者承诺优惠政策，包括减免土地使用权出让金、延长税收减免期、降低环保要求，有些地方政府甚至由财政出资按照实际投资额的比例对介绍投资者或者投资者予以现金返还的奖励等，严重损害了中国的投资环境和国际形象。

（四）冲击民族产业，危及国家经济安全

随着中国农业利用外资规模的迅速扩大，跨国涉农公司的不断壮大除了带给他们丰厚的经济利益之外，还使他们有了在一定程度上控制目标国市场的能力。跨国涉农公司在中国的市场份额急剧扩大，外资甚至个别的跨国涉农公司在某些领域内已经取得了绝对领先地位。从外资进入中国开始，外国投资者就通过各种方式谋求垄断地位。例如，外国投资者通过实施品牌战略，扼杀中国本土品牌，通过品牌搞垄断（叶军，2007）。目前外商投资独资化倾向明显，在合营企业内部中外双方争夺合营企业控制权也愈演愈烈。在近些年兴起的外资并购中，以对某地区某行业进行一揽子并购为代表的“恶性并购”问题日益突出。外商投资企业通过各种手段取得垄断地位之后，开始滥用其垄断地位。例如，有些外商投资企业依仗其外国投资者的资金实力进行低价倾销，亏损忍耐，以达到排挤竞争对手、占领市场的目的。中国作为一个农业大国，农业是国民经济的基础，如果中国农业经济发展过度依赖于外国投资，必将带来新的粮食安全和经济安全问

题，从而有可能给中国的国民经济带来巨大的潜在风险。

（五）技术外溢效应不明显

农业利用外资对于提高中国的农业技术水平起到了一定的积极作用，但外资的技术外溢效应还不明显，利用外资引进国外先进技术的目的没有完全达到，即农业利用外资的技术内敛效果（叶军，2007）。主要表现在：①通过利用外资引进的往往技术水平不高，质量偏低，甚至有些外国投资者投入一些过时的设备和过时的技术；②有些外国投资者为了延长技术寿命、逃避本国政府对环保的严格管制，将发达国家法律所禁止使用的高耗能、高污染的技术和设备转移到中国；③不同外商投资企业对中国技术创新能力的影响不同，并非外资的就一定是先进的。有学者研究表明，港澳台投资企业对同行业其他企业有负的外部性，但是其他国家和地区外资的投资企业对同行业其他企业有正的外部性；④外国投资者拥有的真正的高技术转移条件苛刻，即使高技术转移进中国也难以与中方共享；⑤无论是外资进入中国在中国建立企业，还是与中国企业合作建立合营企业，都是把中国当成了生产组装基地，抑制了中国企业的自主研发能力；⑥跨国公司的特殊组织与中国落后的创新机制制约了中国对外资带来的新技术的消化、吸收、创新能力。

第四节　中国农业利用外资的结构分析

一、中国农业利用外资方式结构

（一）对外借款

借款主要来自双边渠道和多边渠道。多边渠道主要有世界银行贷款，世界粮食计划署粮食援助，国际农业发展基金会贷款，欧盟财政援助，亚洲开发银行贷款等。双边渠道主要是来自西方发达国家的政府贷款、赠款和经济合作。

随着中国对外开放基本国策的确立，从1978年起，中国先后开始利用世界

银行、国际农业发展基金会、亚洲开发银行提供的中长期优惠贷款。1983 年中国农业对外借款协议金额为 0.89 万美元，截至 2002 年底，贷款协议金额达 191.6 亿美元，其中世界银行占 88.8%，亚洲开发银行占 7.6%，农发基金会占 3.6%。从总体上看，来自多边机构的中长期优惠贷款和无偿援助，在农业利用外资中一直占有相当大的比重。“七五”以前占农业利用外资总额的 80% 以上；“七五”期间占 72% 左右；“八五”以来，随着外商在农业领域直接投资的迅速发展，以及多边政府之间的经济技术合作不断加强，其比重有所下降，1999 年占农业协议利用外资的 40% 左右。此外，亚洲开发银行还提供农业方面的技术援助项目 58 个，金额约 3363 万美元，技术援助基金可来自贷款或捐助，也可以两者兼有，有时包括在项目贷款中。“九五”以来，对外借款越来越少，被并购等其他方式所替代。

1. 世界银行贷款的投资特点

中国农业利用世界银行贷款的投资重点在不同的时期有所不同。在 20 世纪 80 年代，世界银行贷款主要投向了地区农业开发项目、农村信贷项目，以及特定的生产项目。90 年代以来，重点转向了农业环境保护和地区扶贫项目，不再支持农村信贷项目，新增了地区扶贫项目，减少了地区开发项目。世界银行最重要的宗旨是帮助欠发达地区的发展，预计对中国农业贷款的重点从政策上将会更加强调向中西部地区转移，当然，贷款的多少取决于中西部吸收世界银行贷款的能力。

2. 亚洲开发银行对中国农业的贷款

亚洲开发银行对中国农业的贷款构成中，农业环境保护项目份额接近 50%，而且有继续上升的趋势。例如，“农业废物的有效利用”、“黄河治理项目”、“松花江治理及环境保护项目”。

（二）外商直接投资

改革开放以来，为增强农业的基础地位，加大农业的投资力度，引进国外先进技术，优化农业和农村经济的产业结构，国家一直把农业作为吸引外商投资的

重点领域，使农业吸引外商投资的项目数和资金额在波动中迅速增加。1979～1996年，外商在中国投资农业的项目数达到7245个，占总项目数的2.6%；协议外资额为69.98亿美元，占总协议外资额的1.5%。中国农业协议利用外资的项目数和资金额在各年之间有较大的波动，其中项目数增长速度最快的1984年达343.3%，与增长速度最低的1986年相差303.1%；协议利用外资金额的最高增长年份达343.4%，最低增长年份为-41.9%，二者相差385.3%。但是，从总体趋势看，中国农业利用外资的发展速度是比较快的。这一点在农业协议利用外资的金额上表现最为明显，“六五”后三年，中国农业利用外资的协议金额2.22亿美元，平均每年协议利用外资0.74亿美元。“七五”时期，农业利用外资的总金额达6.92亿美元，平均每年利用金额达1.36亿美元，比“六五”后三年的平均水平增加83.5%。“八五”时期，农业利用外资的总协议金额达到47.98亿美元，平均每年协议利用金额也上升到9.60亿美元，又比“七五”时期增加6.03倍。“九五”期间的平均协议利用外资额为12.58亿美元，与“八五”期间的年平均协议利用外资额相比，又上升了31.09%。2002年与1983年相比，农业利用外资的项目数由60个增加到1021个，协议金额由0.18亿美元增加到14.83亿美元，增长了82.46倍，增长的幅度之大、速度之快在世界各国吸引外商直接投资的历史上也是比较罕见的（表3-5）。因此，通过利用外资直接投资建立一大批现代农业企业，对农村经济的发展起到了示范和带动作用，促使农业向产业化、集团化、一体化经营方向发展，这将对中国农业发展产生深远的影响。

表3-5 不同时期中国农业利用外资构成情况（单位：亿美元）

时期	农业利用外资额	国外贷款和援助	外商直接投资
“七五”之前	3.14	80	20
“七五”期间	6.28	72	28
“八五”期间	47.98	37	63
“九五”期间	63.6	4	96

资料来源：历年《中国统计年鉴》

21 世纪中国外商独资化趋势越来越明显，农业外商直接投资利用方式中外商独资日益增多。中国加入 WTO，农业国际化进程进一步加速，使外商独资占据农业外商直接投资的主导地位。2007 年，中国农业利用外资中外商独资实际使用外资金额为 6.15 亿美元，项目 698 个，占农业利用外资实际使用金额和项目个数的 86.27%、78.69%（表 3-6）。

表 3-6　1995～2007 年外商直接投资在华农业投资方式的比重　（单位:%）

年份	中外合资	中外合作	外商独资
1995	8.16	74.47	17.37
1997	8.22	69.98	21.80
1999	8.19	59.53	32.28
2001	7.71	58.07	34.22
2002	4.97	57.57	37.46
2003	5.89	53.30	40.81
2004	5.86	48.03	46.11
2005	3.34	45.35	53.31
2006	2.86	40.60	56.54
2007	2.32	35.12	62.55

资料来源：根据历年《中国农业年鉴》和商务部外资司公布数据，经作者整理、计算而得

（三）外商其他投资

外商其他投资包括对外发行股票，国际租赁、补偿贸易、加工装配等几项。由于外商其他投资项目中许多原有方式大多转为直接投资方式，以及受到国际筹资环境变化影响，加工装配项目有所增加外，其他各项均有不同程度的降低。而农业租赁是农业利用外资的新形式。党的“十七大”会议明确提出要增加农业利用外资的力度，进一步强调多种所有制经济共同发展，不断解放和发展农村生产力，并指出少数确实具备条件的地方，可以在提高农业集约化程度和群众自愿的基础上，发展多种形式的土地适度规模经营，为农地出租提供了政策依据。

245.75%。2009 年美国对华实际使用外资金额达 368 万美元，新增企业数为 6，同比增长 1740%、100%。此外，来源于欧洲、美国的农业外商直接投资的主体已由原来的中小企业逐步转变为国际大型涉农跨国公司。

三、中国农业利用外资产业分布结构

（一）国际金融机构的贷款在农业内部的分布

中国农业利用国际金融机构的贷款投向了农业经济的多个行业。其中世界银行对中国农业的贷款重点是地区农业开发项目、地区扶贫项目、地区林业发展项目、水资源开发和河流治理项目、农会信贷项目、其他项目（如种子项目、饲料项目、养殖项目等）。亚洲开发银行对中国农业的贷款重点是环境保护项目、水利灌溉项目、洪水防治项目、地区农业开发项目。国际农业发展基金对中国农业的贷款重点是地区农业开发项目、地区农村信贷服务建设项目、地区农村发展项目、家禽养殖项目。

中国国际金融机构农业贷款各自的分布情况，国际农业发展基金对中国农业的贷款中，充分体现了国际农业发展基金的扶贫性质，其扶贫和开发贷款比例占 2/3 以上。在构成中，农村信贷服务项目有减少的趋势，而地区农业开发项目和扶贫项目增加了。国际农业发展基金的贷款基本上集中在中西部贫困地区。亚洲开发银行对中国农业的贷款主要集中在东部和北部地区，但有向西部转移的趋势。

（二）农业内部外商直接投资的分布

中国农业内部利用外商直接投资主要集中在农业（狭义）尤其是种植业。从外资投向来看，农产品加工和种植业项目利用外资金额占总额的 40.62%，畜牧、水产、农垦、农机等分别占农业利用外资总额的 10.91%、4.9%、5.49% 和 0.25%。1978 ~ 1990 年由农业部主管或归口管理以及部分地方管理的 446 个农业外资项目，32 亿美元外资总额中，种植业项目占总额的 43.91%，畜牧业占总额

的 11.78%，水产占总额的 7.88%，农垦占总额的 10.22%，农机占总额的 0.38%，其他如水利、农村交通、林业、环保占总额的 19.19%。而在种植业项目中，属土壤改良、防洪排涝、灌溉引水等改善农业生产条件的综合性开发项目占种植业利用外资总额的 80.14%；橡胶、茶叶、油橄榄、水果等多年生作物的生产与改良项目占种植业利用外资的 8.83%；水稻、玉米、棉花等品种引进、品质改良、品种基地建设的种子项目占种植业利用外资总额的 2.49%。

总之，中国第一产业——农业的外商直接投资一直都很少，在整个外商投资中所占的比重仍很小。农业吸收外商投资额所占比重在 1989 年之前有升有降，1989 年之后基本处于下降趋势。其中 1979～1990 年，外商协议投资中农业占 2.9%；1991～1998 年，农业在外商协议投资中的比重下降为 1.7%。1979～1998 年，农业外商直接投资的协议金额累计只有 93.5 亿美元，其中外商投资额最大的年份是 1995 年，为 17.4 亿美元；外商投资比重最高的年份是 1986 年，为 4.4%。同时，农业中外商投资项目的平均规模和外商投资企业的平均规模也不大。

进入 90 年代后，适应中国农业经济发展战略目标的需要，农业利用外资向以扶贫为中心、改善农业生产基础条件的农业综合开发为重点，并向畜牧、饲料、兽药，以及农副产品年加工项目方向倾斜。

改革开放 30 多年来，无论是从中国农业在三次产业结构的比重看，还是从第一产业内部结构中各具体产业部门的相对比重看，结构的变化是比较大的。从农业在三次产业的相对地位来看，1978 年农业在中国国内生产总值中所占比重为 28.2%，2010 年这一比重下降到 10.1%，平均每年约下降 0.5 个百分点，大大推进了中国经济发展和工业化进程。从农业内部的结构变动来看，种植业所占比重逐年下降，2010 年与 1978 年相比，种植业在农村中所占比重由 79.99% 下降到 53.29%，畜牧业和渔业所占比重明显上升，畜牧业所占比重上升了 15 个百分点，渔业所占的比重上升了 7.7 个百分点（图 3-7）。

与改革前相比，农业利用外资的结构分布逐步趋向合理。其主要表现是，近几年在农业各行业中，种植业利用外商直接投资的项目数和协议金额所占比重不

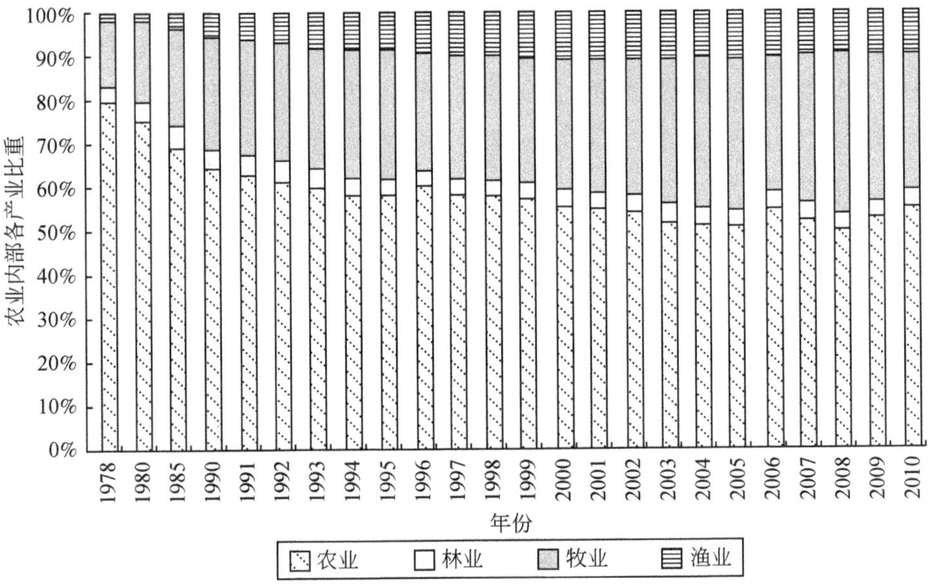

图 3-7 改革开放以来中国农业产业结构变化情况

资料来源：根据历年《中国农村统计年鉴》、《中国统计年鉴》的资料计算

是下降，而是上升了。1997 年与 1996 年相比，种植业协议利用外资项目数增加了 6 个，资金额增长了 25.2%，种植业协议利用外资金额在农业利用外资中所占的比重由 30.3% 上升到 38.0%，上升了 7.7 个百分点。1998 年种植业协议利用外资项目数又比 1997 年增加 29 个，资金额增长 43.0%，为 12 亿美元，种植业协议利用外资金额在农业利用外资中所占的比重为 44.2%，上升了 6.2 个百分点，而畜牧业项目占 28.3%，渔业项目占 16.1%。

在农业各产业中，林业和种植业利用外商直接投资比重在下降，而畜牧业和渔业实际利用外商直接投资比重在不断上升。据商务部统计，2006 年林业实际利用外商直接投资金额为 0.90 亿美元，占农业实际利用外商直接投资总金额 20.33%；2009 年林业实际利用外商直接投资金额提高到 1.50 亿美元，比重下滑至 11.86%。畜牧业与林业形成鲜明反差，2006 年畜牧业实际利用外商直接投资金额为 0.54 亿美元，占农业实际利用外商直接投资总金额 12.20%；2009 年畜

牧业实际利用外商直接投资金额上升至21 100万美元，比重为16.66%①。种植业领域在农业各产业中吸引外商直接投资所占比重是最大的，但所占比重呈下降趋势。这在一定程度上反映，随着中国居民生活水平的不断提高，城市居民和农村食品消费结构已转向消费更多的肉食产品和海产品，需求结构发生变化，导致农业产业结构变动，畜牧业、渔业相对收入增加，更多的资源流入畜牧业、渔业。

（三）中国农业利用外资地区分布结构

与中国整个国民经济利用外资在地区分布上不平衡一样，农业利用外商投资在地区分布上也是不平衡的。中国农业利用外资在区域分布上呈不平衡发展态势，具体表现出“东多西少，南多北少”的特点，这与中国总体利用外商直接投资的地区分布基本相同，带有明显的地区集聚效应，反映了中国经济开放的格局与区域经济发展格局。从外资来源看，东部地区以外商直接投资为主，中部地区吸收国外贷款较多，而西部地区接受援助较多。从外资投向看，东部地区在农产品加工和现代农业高科技示范中占有较大比例，中部地区主要用于农业综合开发和基础设施建设，西部地区主要开展扶贫开发和生态环境治理。国外贷款和援助两项，沿海地区、中部地区和西部地区所占比重分别为42.23%、14.84%、41.93%（刘合光，2009）；2007年，东部地区农业利用外商直接投资合同金额为25.61亿美元，占总额68.42%；中部地区金额为8.43亿美元，占总额22.51%；而西部地区金额为3.40亿美元，仅占9.07%。仅江苏、广东、山东3省农业实际利用外商直接投资金额即占全国的48.52%（表3-7）。近年来，广大中西部地区协议利用外商投资的金额虽然有了很大的增加，但增长速度仍赶不上东部地区，农业外商直接投资在地区分布上的不平衡状况不但没有减轻，反而有所加重。农业外商直接投资在地区分布上的这种严重不平衡，限制了外商直接投

① 商务部 . 2010-08-25. 2002–2009年林业利用外资情况 . http：//www.360doc.com/content/10/1231/11/803452_ 82881062.shtml

资在优化农业内部产业结构中的作用。

表 3-7 2007 年中国农业利用外商直接投资的区域分布情况

地区	金额/亿美元	比重/%	地区	金额/亿美元	比重/%	地区	金额/亿美元	比重/%
东部合计	25.61	68.42	中部合计	8.43	22.51	西部合计	3.40	9.07
江苏	11.12	29.70	江西	3.25	8.67	重庆	1.03	2.76
广东	4.83	12.90	湖南	1.48	3.95	四川	0.57	1.51
山东	2.22	5.92	河南	1.17	3.12	陕西	0.41	1.10
浙江	1.73	4.61	湖北	0.71	1.89	青海	0.38	1.02
辽宁	1.68	4.48	安徽	0.69	1.83	广西	0.35	0.92
福建	1.65	4.41	吉林	0.54	1.45	云南	0.32	0.85
河北	1.10	2.94	山西	0.32	0.86	新疆	0.10	0.27
北京	0.48	1.28	黑龙江	0.28	0.74	内蒙古	0.10	0.27
上海	0.37	0.99				甘肃	0.06	0.17
海南	0.30	0.79				贵州	0.05	0.14
天津	0.15	0.40				宁夏	0.02	0.05
						西藏	—	—

资料来源：2008 年各省统计年鉴

第五节 后危机时代中国农业利用外资存在的问题

改革开放以来，外资对中国农业的发展起到了巨大的作用，但也存在一些问题，这些问题能否很好地解决，直接影响中国的经济增长。

一、外资在农业产业的使用效率相对较低

首先，农业利用外资总体规模小导致使用效率低。农业虽是中国最早利用外

资的行业之一，近年来的引资规模和发展速度也比较令人欣喜，但农业利用外资的规模依然偏低。2005～2009 年，中国农业年均利用外资的项目数达到 1272 个，但其数量与全国平均水平相比依然很小，协议利用外资和实际利用外资额占全国的比例依然很低。2010 年，农、林、牧、渔业新设立外商投资企业 929 家，实际使用外资金额 19.12 亿美元，仅占同期全国新设立外商投资企业数和实际使用外资金额的比重 3.4% 和 1.8%。其次，农业利用外资的平均规模在全国各个行业中也偏小。2009 年，三大产业的 18 个行业中，平均实际利用外资金额为 46.4 亿美元，而农业实际利用外资金额仅 14.3 亿美元，远低于各行业平均水平。如果仅以三大产业相比，农业利用外资规模（加上采掘业）仅占 3%，更是远远落后于第二、第三产业的引资水平。再次，从外商直接投资的资金到位率上看，近 10 年来，中国各行业的资金到位率平均为 86% 左右，而农业项目的资金到位率仅在 50% 上下波动，明显偏低。

中国作为一个发展中国家，与其他发展中国家相比，农业吸引外资的比重非常低。联合国粮食及农业组织对 35 个发展中国家的调查表明，中国同其他国家相比农业人口人均利用外资数额偏小，比重低，再加上体制内外部的因素的影响，有限资金的使用效率也不高，资金闲置现象时有发生。再加上中国农业一家一户的分散经营方式，决定了农业投资额大、周期长、直接效益不明显并具有风险性，使外资难以在各环节的流动中实现最大收益。

二、外资的利用深度和广度都相应不足

（一）外资在农业产业内部流向不合理

不论与其他发展中国家，还是与国内其他产业相比，中国农业利用外资的项目数和投资额都不能适应农业与农村经济发展的需要，都与其在国民经济中的地位不相称。中国现有的外商农业投资项目主要为中小型的农副产品加工项目；农牧产品和农业资源开发项目利用外资主要靠国际和地区金融组织贷款和无偿援助，外商直接投资的农业项目较少；农业环境保护项目、水利灌溉项目、洪水防

治项目也主要利用的是国际金融机构的贷款；农村教育利用外资还很少。外商对农业技术方法、农业生物制品生产、农产品品种改良等高风险、高技术含量和高附加值的项目的兴趣不浓。

（二）农业利用外资在区域分布不平衡

中国农业利用外资在区域分布上所呈现的“东多西少，南多北少”这一特点，既是我国利用外资的不平衡现状，又是我国区域经济格局和地区发展不平衡的具体体现。这种区域分布上的不平衡性，既不利于外资在优化我国农业内部产业结构中发挥重要作用，又不利于我国农业现代化水平的提高。

一方面，农业利用外资主要集中在东部、南部沿海开放地区的现实，与广大中西部落后地区急需资金扶持的实际需求之间存在矛盾。近年来，我国东部地区在农业实际使用外资总额中基本维持在90%以上，而急需各项资金扶持的中西部农业则仅获得不足10%的外商直接投资。并且外资在三个地区内部的分布同样过于集中，其中，东部地区主要集中在江苏、广东和上海，中部地区主要集中在江西、湖南和湖北，西部地区主要集中在云南、四川和广西。这种过于集中的外资投向，虽能一定程度上促进发达地区农业的发展，但不利于全国农业整体水平的均衡发展，且有进一步拉大地区间发展差距的风险。

另一方面，就农业利用外资的规模而言，无论是全国还是各个地显都略为偏小，这从宏观上也不利于农业利用外资区域分布不平衡现状的改善。以2010年为例，当年农业（农、林、牧、渔业）实际使用外商直接投资金额191 195万美元，仅占外商直接投资总额的1.8%，不仅农业利用外资总额较小，而且在利用外资较为集中的各地区所实际使用的外资金额也同样较小，无法从规模上影响和带动整个农业的发展。令人担忧的是，上述局面短期内难以出现根本改观。

（三）农业利用外资的资金到位率低，国内配套资金不好落实

农业属于弱质产业，容易受天灾人祸，以及各种无法控制的因素影响，投资周期长、风险大。政府年年在口头上重视农业，在主观上做得不够积极，表现在

行动上就是在引资上政策倾斜、政策优惠不够，特别是各级地方政府，加上政府某些部门和垄断行业行政行为的随意性较大，在很大程度上加大了投资者的投资风险，影响了外商对农业的投资决心，往往投入的资金数额比较少，或者资金到位率比较低。1998 年以前，农业实际使用外商直接投资额占农业外商直接投资合同协议额基本维持在 50% 以上。但是，近些年来，农业利用外商直接投资的资金到位率普遍偏低。2009 年，中国农业实际使用外商直接投资额为 14.29 亿美元，而合同协议额则达到 54.77 亿美元，资金到位率仅为 26.09%。根据规定，任何外资项目，均需要安排配套资金，按世界银行要求，应有 65% 的资金配套，但国内配套资金一般很难落实，造成投资效益不佳。主要原因是国内农业投资来源层次多、渠道广、资金管理分散，政策上不协调，大部分农业外资项目的配套资金没正式列为国家或地方基本建设投资；配套投资主要渠道之一的国内银行贷款，其贷款指标难以全部落实；配套投资中地（市）县承诺的部分因财力有限，资金不能及时到位；农民投资不现实；各级政府投资多向工业倾斜，对农业项目不重视，导致用于农业投资项目的配套资金很匮乏。

（四）农业投资环境有待改善

外商来华投资，追求的是最大化的利润和最小的风险，而投资利润的回报和风险的大小，除了与项目本身的优势有关外，还与投资环境的好坏有关。而中国目前的农业投资环境，无论是硬环境还是软环境，都存在很大的问题。

1. 农业利用外资的硬环境较差

投资的硬环境包括生态环境和基础设施两大内容，中国都比较差。

1）中国农村有很多地方生态环境不断恶化，植被遭破坏，水土流失严重，造成耕地面积的减少和土地肥力的下降；有些地方为追求眼前利益而开办的小造纸厂、小化工厂、小冶炼厂排污严重，污染了水源和空气。生态环境恶劣会给投资者留下不良印象，使当地对外商的吸引力大打折扣。

2）中国农业和农村的基础设施比较薄弱。交通设施不完善，道路不畅通，许多自然资源丰富的地区就是交通不便利导致大量优质农产品烂在山沟里；农村

的水利设施严重不足，导致农业抗御自然灾害能力低下，受灾面积居高不下；灾害预警系统和灾后保障体系不够健全和有力，投资风险难以事前控制，投资损失得不到补偿；农村能源建设跟不上，电力问题仍是制约当地经济发展的“瓶颈”；中国农村的通信和信息网络设施非常落后，农民不能迅速获取有用的经济信息，致使农民抓不到有利的商机。

2. 农业利用外资的软环境不理想

（1）法制不健全，社会各界的法律意识不健全

改革开放以来，中国在建立各项经济法规的同时，尽管也注意建立外商投资法律法规，到目前已经出台了《合资法》、《合作法》、《外资法》等几十部法律法规，但还未形成仅针对农业产业这一独特领域的外商投资企业法，许多外资企业都不同程度地受到过一些不合理收费等问题的困扰，这在很大程度上挫伤了外商投资农业的积极性。另外，在中国经济领域中还大量存在有法不依、告状难、执行难的问题，这些现象的存在都会使外国投资者畏而却步。

（2）政府的管理与服务不到位，管理法规缺乏适应性

许多大型开发性农业投资项目审批时间长，手续复杂。另外在项目引进后的管理过程中，常常存在部门之间的互相推诿，多头管理现象，分工不明使许多外资企业得不到应有的服务。对外资的引进缺乏指导，重数量轻质量，重速度轻效益。在引资数额、引资速度、引资规模上盲目攀比，形成重复引进、无效引进等诸多问题，造成社会资源的无效配置和极大浪费。

（3）农业利用外资的相关人才短缺

外资项目中，农业管理人才不足，懂得国际金融业务要求的财会人员，特别是地、县一级受过正规教育的高级管理人员和财会人员不足，加上大量人才外流等情况，使这一问题更加突出。

（五）农业利用外资中的外汇风险较大

在农业贷款项目中有一些项目不具备出口能力，或项目本身的还款能力差，如以环保为主的项目、以社会效益为主的项目，以生产内销为主的项目等。而先

期的农业贷款项目已进入还款期，增加了还款压力。由于缺乏责、权、利统一的借、用、还管理体系，使得“借”、“用”、“还”和“出口创汇”与“出口还贷”相互脱节，不利于进一步扩大利用外资这一方针的贯彻。

汇率风险表现在两方面。一方面是特别提款权（special drawing right，SDR）① 所带来的风险，特别提款权自 1981 年 1 月起，按 5 种货币定值，即美元、马克、日元、法郎和英镑，它们在特别提款权中所占的比重不断地变化，经过了 1986 年 1 月 1 日，1991 年，1996 年和 2001 年 4 次调整，第 4 次调整后权数（2001 年 1 月 1 日生效）为美元：45%，日元：15%，英镑：11%，欧元：29%。因此，折合美元支付的 SDR 是浮动的。当“中国橡胶项目”在 1983 年提款时，1 个 SDR 折合人民币 14 元。如按 15 年还本付息，将风险率折为利率，年利率就变为 50%，如此高的年利率，是任何投资所难承受的。另一方面，人民币与美元的汇率的变化带来了风险。在中国，农业利用外资项目，一般采取谁用汇谁承担风险的原则。实际中，省级以下政府和企业进行调节使用外汇的能力较弱，因而一般由省财政厅进行调节使用外汇，并承担使用外汇风险。对于项目本身使用的那部分外汇，汇率风险由项目单位承担。中国在利用国际金融贷款的初期，一些项目采取了中央统一使用外汇、地方承担使用外汇风险的办法。与谁用汇谁承担风险的原则比，由于人民币的贬值，项目单位要承担更大的外汇风险。从而影响了中国农业对外资的利用。当然，随着中国经济实力的增强，人民币币值坚挺，外汇风险会越来越有利于中国经济的发展，从而促进中国对外资的利用。

（六）农业外资项目管理水平不高

1. 缺乏项目业主负责制

中国的农业外资项目一般由政府财政承借承还，财政层层转贷。这种机制使

---

① 特别提款权是国际货币基金组织创设的一种储备资产和记账单位，亦称“纸黄金（Paper Gold）”。它是基金组织分配给会员国的一种使用资金的权利。其只是一种记账单位，不是真正的货币，使用时必须先换成其他货币，不能直接用于贸易或非贸易的支付。因为它是国际货币基金组织原有的普通提款权以外的一种补充，所以称为特别提款权

现是，不同外资主体在同一产业链条上投入，链条各个环节的外资项目互相配套、互相支持，形成产业链的技术协调、产品配套，从而形成共赢、共荣格局（刘合光，2009）。益海嘉里是由丰益集团和 ADM 在中国投资兴建的大型综合性粮油加工企业集团，是国内最大的粮油加工集团。投资科技攻关的新型产业模式和技术系统“金龙鱼大米产业链创新技术”，是将安全、环保科技融入到大米育种、产地、种植、加工、包装等多个产业链环节，从而实现将大米育种、种植、加工等各个环节有机的链接起来，项目整体技术达到国际先进水平，经济效益、社会效益、生态效益十分显著。

三、农业利用外资质量和效益将明显提高

《全国农业和农村经济发展“十二五”规划》中已经明确提出，“提高利用外资水平，健全符合世界贸易规则的外商经营农产品和农业生产资料准入制度，按照《外商投资产业指导目录》优化进入农业领域的外资投向，提升‘引进来’质量和水平”。因此，在“十二五”发展阶段，中国农业利用外资的技术含量将会明显提高，特别注重吸收国际先进的技术、管理经验和知识理念，充分发挥外商投资项目的示范和带动作用，提高外资使用的质量和效益。不断优化农业利用外资投向，重点发展生态农业和高技术含量、高附加值的种植业、养殖业，以及农业废弃物综合利用、生物质能开发、现代农机装备开发与制造和农产品深加工，引进现代化农业技术和经营管理方式，促使中国农业迅速走上高效、优质、环保的良性循环发展轨道，进而顺利实现农业利用外资从“量化引资”到“质化引资”的战略性过渡。

四、农业产业安全的风险将逐步加大

在后危机时代，随着中国加入 WTO 以后各项承诺的逐步兑现，尤其是外企控股比例限制的逐步取消和外商投资领域的逐步开放，外资发起的针对中国部分农业龙头企业的跨国并购案例也日益增加，粮食加工、酒类、乳业、饮料等行业的并购事件激增，个别领域出现外资垄断或垄断迅速扩大的苗头，在一定程度上

已经对国家经济安全特别是产业安全形成威胁。随着外资逐步渗透国内粮食体系，其已经对中国粮食安全构成威胁。国际粮食巨头如 ADM、邦吉、嘉吉和路易达孚等在中国粮油等重要农副食品生产加工和流通领域的投资和收购量增加。这些国际粮商加大了对中国粮食供应链各个环节的投资力度，渗透中国的粮食体系，影响中国的粮食供给，威胁着中国粮食安全，增大了国家粮食市场稳定和调控管理工作压力（刘合光，2009）。以外资控制程度最高的大豆产业为例，目前中国大豆产品的总自给率已不足 1/3，国内 8000 万 t 的油脂产能中，大约 80% 掌握在外资控股企业中，他们凭借资本优势，已完成对原料、加工、品牌、渠道、供应的绝对控制权和掌握着市场定价权，导致 2005 年大豆主产省黑龙江大豆种植面积减少了 25%，价格由原来的 2.70 元/kg 降到 2.06 元/kg，严重影响国内消费者食用油安全和豆农收入和就业。国务院办公厅已发布了《关于建立外国投资者并购境内企业安全审查制度的通知》，决定建立外国投资者并购境内企业安全审查部际联席会议制度。外国投资者在并购境内关系国家安全的重要农产品、重要运输服务企业等，且实际控制权可能被外国投资者取得时，需要通过包括国家经济稳定运行、社会基本生活秩序、国防安全、关键技术研发能力这 4 个方面进行影响评估。

第四章

后危机时代中国农业利用外资的影响因素与风险

第一节　后危机时代中国农业利用外资的影响因素

一、经济发展政策的连续性与稳定性

在利用外资过程中，无论是对外借款、还是使用外商直接投资，均与受资国是否具备稳定的政治经济环境密切相关。稳定的政治格局和相应的政治体制不仅为一国的经济发展提供了良好的宏观环境，而且也是保持经济发展政策连续性与稳定性的前提。对外资而言，稳定、连续的政策是减少投资风险和稳定投资效益的基础。综观第二次世界大战后的历史，国际资本之所以侧重于在发达国家之间流动，其主要原因并非在于发达国家的利润率比发展中国家高出多少，而是在于发达国家的政治经济都相对稳定，利润的来源也相对可靠，债务的偿还也较有把握。而与之形成鲜明对照的发展中国家，其国内的政治动乱频率较高，政局也欠稳定，政策的连续性差，不仅投资的风险较大，而且债务能否及时偿还也并无十足的信心。

二、农业经济管理体制和宏观调控能力

在日益激烈的国际竞争中，农业是否具有比较优势和竞争力，体现在农业的

整体素质上。因此，需要我们提高从农产品生产到消费各个环节的效率，加快农业产业化进程。现行的农业管理体制已不适应外向型农业发展的需要，部门分割、条块分割现象仍比较严重，影响了中国农业的整体效益和综合竞争力。加入WTO对农业管理体制、宏观调控手段和部门间的协调提出挑战。

一个合理而运行有序的经济管理体制有助于加强国家对宏观经济运行的监测与预警，事实是广大发展中国家的经济体制普遍不够成熟，可塑性较大。因此，在经济发展过程中，如何在利用外资的同时，吸取发达国家的某些成熟的社会管理办法与管理方式，如完善的法律制度，有效而灵活的宏观经济调控体系等，以形成适合外资和开展各项经济活动的宽松的社会经济环境。所有这些对于提高外资的投资收益和相应的外资吸收能力是极为重要的，因为如下。

1）农业引进外资过程中，政府的各种鼓励措施和政策规划均会制约外资吸收的规模。倘若政府对引进外资缺乏统一的规划与安排，在政策的安排上也缺乏有效的组织，那么外资的吸收能力要么未能得到充分的考虑，要么便超过了外资的吸收能力而使所引进的外资闲置。

2）农业外资的配置上，国家的宏观经济管理能力制约外资的吸收能力，主要体现在两个方面。一方面是政府的宏观调控机制与调控措施直接制约一国利用外资的经济配置效应，调控力度适合、调控结构合理，则无疑会提高外资的配置效应和相应的外资吸收能力。另一方面是外资的配置结构直接受制于国家的宏观政策和相应的社会经济环境，配置结构的合理与否又直接影响外资的收益。

3）在外债的偿还上，国家的宏观经济管理能力的作用尤为突出。借用外债是利用外资的主要形式，外债偿还能否有确切的保证，直接影响一国的投资环境与外资吸收能力。假如政府能够对借用外债有个明确的安排，对偿还外债有个明确的规划，则既可避免债务危机的产生，又可加速经济增长；反之，则不仅不会加速经济增长，反而会陷入债务的泥潭。

三、产业结构和产品结构合理性

（一）产业结构制约一国外资吸收能力

如果一国在一定时期的产业结构不合理，如基础产业比较薄弱，那么外商投资盈利较好的加工工业，则会进一步加剧既有产业结构的不合理。交通落后、通信困难本来就严重地限制一国的外资吸收能力和相应的利用外资规模，再加上外资投资追求盈利最大目标又强化了这种业已存在的不合理的产业结构。

即使原来的产业结构大体趋于平衡，但随着投资的增加和经济增长的加速，当超过一定的限度时，原有的产业结构也会由于不能适应新的需求结构而会失去原来的平衡。这无疑会导致资本的浪费和投资收益的递减，从而制约了一国在一定时期的外资吸收能力。

（二）农产品质量尚有待提升，农产品质量标准和认证体系不健全

随着中国农业发展进入新阶段，农产品品质问题已成为农业面临的日益突出的问题。目前农业发展不适应国内外市场对农产品需求多样化、优质化和多层次化的特点，农产品品质差、各种残留高、安全性低，以及缺乏健全的质量标准认证体系，直接影响到农业参与国际经济竞争的综合能力。例如，在农产品出口地区没有根据国际惯例制定农业环境保护的法规和标准，建立相应的环境监测和基本农田环境质量的监测网络。对化肥农药的合理使用和新技术缺乏研究，没有形成一套符合国际惯例的准则。绿色产品和无公害产品的发展还相当有限，这都将影响农产品在国际市场上的竞争力。因此，要在建立健全质量标准体系的同时，引导农民和生产者自觉自愿去做，让他们了解农产品国际标准既是现代生产力水平的反映，又是衡量农产品国际竞争力的主要依据；要让农民明白，达不到“洋标准”就卖不出好价钱。

四、市场环境的完善与否

在发展中国家，市场环境是影响投资收益，进而也是影响外资吸收能力的重

要因素。从理论上来讲，完善的市场环境主要包括发育齐全的生产要素市场、产品市场；资本与证券市场，以及劳动力市场在内的市场体系；功能较为灵敏的市场机制。一般来说，生产要素在各地区、各产业部门间的流动性是衡量资源配置是否有效的前提条件，从而也是度量投资收益大小的重要标志。在中国，广大农民对市场信息不灵通，不能积极促进市场的发展，难以形成发育齐全的市场体系。供给和需求向均衡交叉点的运动不能自动进行，从而市场不能结清、缺口无法填平，造成持续的不均衡状态。概言之，市场环境的欠完善极大地制约了中国对外资吸收能力的提高。在非扭曲市场上经济收益率比在扭曲市场上经济收益率高，平均说来，经济收益率至少会高出 5 个百分点。

目前，中国市场信息问题已经非常突出，具体体现在信息体系不健全，缺乏准确、权威和有价值的农产品国际市场信息。一些农业企业特别是中小农业企业普遍感到对国外农产品市场供需状况不甚了解，对国外农业贸易政策、产品质量标准，以及投资贸易环境不熟悉，对解决可能的贸易争端所需信息不清楚，特别缺乏有价值的信息。农业部建立的中国农业信息网，面向全社会实时发布国内外农产品贸易信息，很受社会欢迎。各省农业部门也在加速建设省级平台。但从目前看，网络的覆盖面还不够广，服务功能还不强，制约了农业企业对外经贸合作和发展外向型农业，迫切需要进一步加大信息体系建设力度。要在政府的主导下建立起完善的农产品信息网络，健全信息采集、整理、加工、发布制度，为企业提供进入国际市场的导向服务和电子商务服务，同时也可以在网上加强出口产品的宣传和展销，甚至可以利用网络技术开展无纸贸易。

五、可供给劳动力的素质高低

劳动力的素质是指一国在一定时期劳动力的平均受教育程度、工艺技术水平和工作态度的积极与否等。在广大发展中国家，由于经济落后、部门间的结构扭曲、用于教育等方面的人力资源投资不足，且存在智力外流现象，劳动力的素质平均水平较低，符合现代化生产经营管理要求的熟练劳动力在全体劳动力中所占的比例较低。因此，当外资投资扩大到一定规模时，即使是人口众多的发展中大

国也会出现相对于较先进的生产方式所客观要求的熟练劳动力的相对不足，从而影响外资的投资效益。

20 世纪 40 至 50 年代，一些发展中国家的政府在资本短缺论的指导下，大量引进外国资本，以谋求经济发展。然而多年的经济发展实践并未产生预期的效果。与此形成鲜明对照的是，第二次世界大战以后遭受严重创伤的西欧和日本在利用外资方面却取得了巨大的成功。同样利用外资，何以在不同的地方产生如此不同的效果？其原因主要在于人力资源方面存在着巨大差异。西欧和日本在战争中物质资本损失惨重，厂房设备、铁路枢纽、桥梁港口所遭破坏严重，许多城市甚至夷为平地。然而这些国家具有较高文化教育水平和生产技能的人口尽管受到严重的伤亡，但并没有被消灭。因此，这些国家的资本吸收能力很强，一旦有大量的物质资本可供利用，经济就很快被推进。由此，西方发展经济学家日益认识到人口素质高低在经济发展中的重要作用。中国农业劳动力虽然在绝对量上居世界之最，但劳动力总体素质不高，这在某种程度上制约了农业利用外资。

六、农业的基础设施建设

农业基础设施是指在农业产前、产中、产后三个相互关联、相互制约的环节中所使用的、为农业生产所需要的公共产品和公共生产要素的总和。狭义的农业基础设施主要包括水利设施、粮食仓储设施、农业教育与科研设施等，广义的农业基础设施还包括国家的农业政策和制度安排。

农业基础设施是农业生产的一项重要的公共产品，也是农业生产的重要外部条件。如果中国不在农业基础设施建设上加大投资力度，就很难使农业在吸引外商投资时具有足够的吸引力，很难使农业在争取有限的外商投资时具有竞争优势，从而也就难以达到通过吸引外资来改造和改善中国农业生产结构的目的。

一国在一定时期基础设施水平的高低也极大地制约了其外资吸收能力。在利用外资的过程中，基础设施水平与利用外资相互作用、相互制约形成如下两难困境：一是基础设施建设要求投资规模大，而广大发展中国家的内资并不能满足经济发展的客观需要，迫切要求利用外资来加强其基础设施建设；二是在一国经济

发展的一定阶段，一定的基础设施水平又制约了其外资吸收能力的提高。如何走出这两难困境是发展中国家在实践中所遇到的一大难题。笔者认为，问题的关键在于增加公共投资的比重，提高基础设施水平。公共投资在国内生产总值中所占份额上升到某一点后，农业和工业项目中的生产率就会明显提高。平均说来，全部公共投资在 GDP 中的份额从 5% 上升到 10% 时，经济收益率就会提高 6% 以上。但是，随着公共投资份额继续增加，经济收益率的提高势头将逐渐减弱并且下降。对于发展中国家来说，寻找这样一个转折点是很困难的，而且更重要的是广大发展中国家的基础设施水平一般落后，提高基础设施投资水平的收益率是显而易见的。只有当发展到一定程度后，去寻找这样一个转折点才具有现实意义。

七、农业产业化和组织化程度

农业生产经营方式落后，产业化水平不高，农业的组织化程度低，农产品出口受到渠道、资金、品牌和营销手段等多方面的制约。

（一）农业生产经营方式

中国正处于传统农业向现代农业的过渡时期，虽然使用了化肥、农药、农业机械、农用薄膜，以及高产良种等现代农业生产要素，但许多生产方法和工具仍然是传统的，如锄头、铁犁等生产工具。因此，劳动力供给的增长仍然是中国传统农业增长的源泉。与此相反，现代农业增长的基本特征是生产率增长，这就要求有规模化、高效率的机械化生产与之相适应。因此，在利用外资，将现代化的生产方式嫁接到中国农业生产中时，难以找到一个与之相匹配的生产组织形式。

（二）农业产业化水平

农业产业化是农村经济发展的一种自我完善，是农村经济的更高层次的一次飞跃。农业产业化要求按照市场牵龙头—龙头带基地—基地联农户的形式，逐步形成种植、养殖、加工，以及产供销、农工商、内外贸一体化的生产经营体系。但中国农业产业化程度偏低，农业生产基地大多设施老化、服务功能较差。作

为龙头的主导产业基本为传统产业，实力弱，素质低，带动能力有限，生产、加工、储运、销售都未形成规模。这就使得外资难以在统一市场上实现大规模生产、低交易费用所带来的高投资收益，从而大大阻碍了外商对农业的投资。农业产业化的发展不足也是制约中国吸引外商投资于农业的一大障碍。实践证明，农业产业化搞得比较好的地区，如广东、山东、福建，其所吸引的外商投资也比较多；而农业产业化发展相对滞后的地区，外商投资也相对较为不活跃。近几年来投资于农业的外资又呈现出增长的态势，重要原因之一是农业产业化经营在全国有了迅猛发展。农业产业化之所以对外商投资具有促进作用，其原因很简单，外商投资于农业，也必须像投资于其他产业一样，获得一份平均利润，这样才能使农业外商投资具有微观经济的合理性和可持续性，才能与其他产业的投资成比例地不断增长，而农业产业化的发展正在使得农业作为一个产业纳入整个经济系统，其行业投资的回报率也正在变得有吸引力。可见，要扭转农业利用外商投资数量过小，比重过低的状况，提高农业对外商投资的吸引力，就必须清除制约农业产业化发展的各种障碍，加快农业产业化发展的步伐，当前尤其要在解决以家庭为单位的联产承包责任制与农业适度规模经营的矛盾，以实现与外商投资的对接。

（三）农业的组织化程度

由于中国长期实行生产、流通、贸易分割的体制，农业一体化程度和农民进入市场的组织化程度都十分低下，现有的农产品营销企业也因竞争不足而缺乏效率。因此，完善和发展现代农业企业，提高农民组织化程度和农业一体化水平是增强农产品竞争力的重要手段。

八、农业投资的特点

（一）农业投资风险高、投资大、回收期长

农业生产的特殊性决定了农业投资具有高风险、大投资和长回收期的特点。

因此，投资者自然就会要求东道国提供良好的投资环境和有效的风险管理。而中国农业的投资环境总体上仍然较落后。首先，农业基础设施落后，水利设施严重不足，导致农业抵御自然灾害能力低下；其次，灾害预警系统和灾后保障体系不够健全，投资风险得不到事先控制，投资损失得不到必要补偿；再次，政策引导不明显。在农业中，外商投资企业除享受农业项目的所得税在减免期之后10年内可减征15%～30%这一税收优惠外，再无其他好处，实际上是次国民待遇。就使用土地方面而言，《中华人民共和国土地管理法》规定："国家建设征用耕地1000亩以上，其他土地2000亩以上的，由国务院批准。"这样，大多数开发性农业直接投资项目，都要经过国务院批准，再加上审批中的拖延和低效率现象，使外商对投资农业缺乏积极性。

（二）农业投资回报率低

中国虽然多次提高了农产品的收购价格，但农村工业品零售物价指数同时也在上升。农药、化肥等农业生产资料和农村工业消费品价格的大幅度上扬，使得农业因农产品价格提价而得到的利益基本丧失。中国农业与非农业之间一直存在的剪刀差，就使得外资更倾向于回报率较高的第二、第三产业。

综上所述，制约农业利用外资的因素尽管复杂多样，但仍可发掘各因素间的相互联系。只要在经济发展过程中，无论是政策制定还是政策执行，一国在一定时期利用的外资不会造成国内要素供给的盈余与闲置，外资和国内资源均能得到有效地利用，就应该大量吸收外资。

第二节　中国农业利用外资的风险分析

随着中国农业和农产品领域开发程度的不断加深，诸如"黑石卖菜"、"软银喝奶"、"高盛养猪"等，已然成为近几年外资进入中国农业和农产品领域的典型案例。事实上，尽管外资进入能为中国农业带来资金、技术、管理等方面的诸多积极效应，但是同样会引起一些不容忽视的消极效应或风险。例如，抑制中

国民间资本发展，造成对跨国农业公司的技术依赖，致使部分农产品市场受制于人或为他人所垄断等。换言之，中国农业在利用外资的过程中，必然面临着来自市场、技术、产业等诸多方面的风险。

一、中国农业利用外资风险的内涵

（一）风险的一般含义

美国学者海恩斯（J. Haynes）最早提出了风险的概念，并在其 Risk as an Economic Factor 一书中对风险的本质及其分类进行了分析，认为“风险意味着损失的可能性”（Haynes，1895）。后来也有学者将风险定义为未来可能结果的不确定性（Williams，1985）或损失的不确定性（Crane，1984）。日本学者武井勋（1983）则在其《风险理论》一书中，将风险定义为在特定环境下和特定时期内自然存在的导致经济损失的变化，并认为风险具有三个典型特征：风险与不确定性有所差异；风险是客观存在的；风险可以被测算。其中，风险的可预测性和可变性是风险防范的前提，而风险防范的目的是尽量避免损失以实现尽可能多的盈利。中国学者朱淑珍（2002）在总结各种描述风险的观点之基础上，把风险定义为一个二维概念，即在一定条件下和一定时期内，由于各种结果发生的不确定性而导致行为主体遭受损失的大小，以及这种损失发生可能性的大小。朱淑珍强调可以用损失发生的大小与损失发生的概率两个指标进行衡量。郭晓亭和蒲勇健（2002）则认为，风险是在一定时间内，以相应的风险因素为必要条件，以相应的风险事件为充分条件，有关行为主体承受相应的风险结果的可能性。前一种观点强调的是损失的大小和发生的可能性，而后一种观点则强调风险是其各构成要素（风险因素、风险事件和风险结果）相互作用的结果。

由此可见，所谓风险，通常是指某一特定环境下和某一特定时间段内某种损失发生的可能性，衡量的是人们主观预期目标与客观实际结果之间所存在的差距。风险具有客观性、社会性、普遍性、必然性、可控性、不确定性及可识别性

等特征，其基本属性包括自然属性、社会属性和经济属性。本书所指的风险侧重于经济属性，意即风险发生后所产生的经济后果。一般认为，风险是由风险因素、风险事故和损失三种共同构成的统一体，风险因素引起风险事故或增加其发生的概率，风险事故的发生会造成损失。

（二）风险的常见分类

按照不同的分类方式，可以将风险分成不同类型。

按风险的性质，可将风险分为纯粹风险和投机风险。前者是指只存在损失机会而毫无获利可能的风险，后者则既有损失机会也有获利可能。

按风险产生的环境，可将风险分为静态风险和动态风险。前者由人们的过失行为或自然力的不规则变动所导致，后者则源自社会、经济、政治或科技的变动。

按风险产生的原因，可将风险分为自然风险、社会风险和经济风险。自然风险由自然因素和物力现象所导致，社会风险由个人或团体在社会上的行为所导致，而经济风险则源自经济活动过程中的市场或管理层面的因素。

按风险致损对象的不同，可将风险分为财产风险、人身风险和责任风险。财产风险是指财产的贬值、损毁或消失等风险，人身风险是指个人因疾病或意外伤害所造成的残疾、死亡等风险，责任风险是指按照法律、契约或合同规定的潜在损失责任人所负经济赔偿责任的风险。

按风险涉及的范围，可将风险分为特定风险和基本风险。前者是指由特定的个人所引起的对特定他人造成损失的风险，后者所涉及的范围可大至整个社会，如社会风险、政治风险等。

（三）风险的衡量

高风险通常意味着高收益，但同时也可能意味着较高的损失。因而对风险的衡量或估测，也常常与对损失的评估密不可分。对风险进行衡量或估测，一般是立足于风险识别，以定性与定量的方法，对所收集材料进行分析，以便估计和预

测风险发生的概率好损失程度的过程。以著名的 VAR（value at risk）法为例，自 1993 年 30 国集团《衍生证券的实践与原则》报告中提出采用 VAR 法对市场风险进行度量之后，利用“在正常的市场环境、既定的时间区间和置信度水平下，预期的最大损失”（Jorion，1997）来估测或度量金融风险的方法，已被广为接受和应用。事实上，利用概率论与数理统计的相关知识来研究风险问题，已是一种必然趋势。我国学者胡宜达、沈厚才（2001）在研究某一风险单位相对风险程度的衡量问题时，就曾提出了风险度的概念，认为在特定的客观条件下和特定的时间内实际损失与预测损失之间的均方误差与预测损失的数学期望之比，可以用来衡量损失的相对变异程度，即不可预测程度。

（四）农业利用外资的风险

农业在其利用外资的过程中所存在的风险作为风险的一种具体形态，具备一般风险的所有属性。类比风险的定义，可以将农业利用外资的风险界定为：在特定环境下和特定时期内，农业在其利用外资过程中所客观存在的导致东道国社会或经济利益遭受损失的可能性。此种风险具体表现在：随着外资的进入，外资会给东道国支配和控制本国农业经济资源的能力产生威胁，进而影响到东道国经济可持续发展的前景，这种影响所造成损失可能远远超过其对东道国带来的收益。

作为利用外资的主要方式，外商直接投资的主要目的之一便是增强对东道国某些公司乃至某个行业的控制，因而外商直接投资给农业所带来的风险主要体现在如下几个方面：导致农业产业和农产品市场的集中，致使国家或民族企业对农业关键资源获取能力、控制能力和社会福利的丧失等。此外，利用外资的规模和持续时间也直接关系到风险和损失的大小。由于风险的客观存在性，小额的 FDI 虽也会带来风险，但这种风险所造成的损失相对较小且容易被整体经济所消化吸收，因此利用外资的风险往往随着时间的推移和资金数额的增加而愈发明显和强烈，这在农业领域体现的尤其明显。

二、中国农业利用外资可能带来的风险

（一）农业产业层面的风险

外资通常选择对同行业中少数几个实力较强的中国企业实施并购乃至控股的方式进入中国农业领域，其目的是为了避免与这些企业进行直接竞争，并使市场竞争格局发生较大变化，进而以其资金、技术、管理等方面的优势，排挤国内中小企业，抢占市场份额，最终实现其对行业的垄断和控制。通过这种方式，跨国公司将国外成熟的农业产业体系的竞争压力传导到中国，并在兼顾短期利益最大化的同时，也能够达到将中国农业纳入其全球产业链的目的。一方面，外资在并购国内企业后，可以通过大量进口经过补贴的廉价农产品，经加工后在国内销售而非出口，能对国内市场产生冲击，致使国内农民相应减少该种农产品或畜产品的生产。若此现象持续数年以上，则该产业在国内将会逐步弱化或消亡。另一方面，外资也一改过去单纯投资于农产品加工的做法，转而将其投资范围拓展至生产、加工、流通等各个环节，力图克服农业生产中旧有的产、供、销相互脱节的弊病，加强其对整个上下游产业链的控制力，进而从产业层面实现对中国农业的控制。这不但增加了中国农业利用外资的风险，而且极易导致农业产业的畸形发展，不利于中国农业的可持续发展。

事实上，中国农业产业化水平不高，农业企业在资金、技术、管理等方面与国外跨国公司差距明显，中小农业企业比较分散，整个农业市场的集中度不高等现状，也为外资进入与控制中国农业产业提供了机会。如不加以控制，则外商极易控制产业链条的关键点或者关键技术产品和高端产品，并在相关产业形成垄断，对上下游和横向相关产业都产生冲击。下面着重以大豆行业、肉类产品加工工业和粮食安全等所面临的风险为例进行说明。

1. 大豆行业

中国大豆领域开放于1996年，当时中国大豆出口量占世界比重在80%以上。但2001年加入WTO以后，随着中国农产品市场开放程度的加大，农业跨国公司

加快了对中国农业的渗透步伐。迄今为止，中国已是世界上最大的大豆和豆油进口国，2009年中国进口大豆4254万吨，2010年和2011年分别进口5478万吨和5264万吨，大豆进口依存度已逼近80%。而国内现有的97家油脂加工企业中，多达64家有外资背景，占比达66%。同时，外资企业、外资控股企业，以及外资租用企业拥有的大豆压榨能力，占到了国内大豆压榨生产能力的37.7%，实际加工量已经接近大豆加工量的50%，已在竞争中处于优势地位，本土榨油企业却有90%以上陷入严重亏损境地。国产大豆压榨数量也仅占国内榨油消费量的10%左右。此外，由于豆粕在大豆加工品中占有相当比重，达80%之多，所以中国的饲料和养殖业必将受到波及。事实上，四大国际粮商（ADM、邦基、嘉吉和路易达孚）不仅控制着世界80%的大豆资源，而且掌控了中国绝大部分的大豆进口和85%以上的大豆加工能力。跨国公司利用其全球化的布局和多元化经营模式，业已形成了从主要出口国的生产、收购、物流，到中国的加工、物流、营销的完整产业经营链条，并在基本掌控了中国大豆产业以后，已开始向粮食、棉花、畜牧业等领域逐步渗透并扩展至产业链的多个环节，其操控能力正在向纵深发展，这在客观上增加了中国农业产业安全风险。上述公司对于大豆行业的长期控制必将打垮国内大豆产业，最终会带来严重的粮油安全问题乃至社会问题。

2. 肉产品加工和养猪业

中国肉类加工工业也面临着类似风险。双汇和江苏雨润集团（雨润）在中国肉类加工市场占据重要位置，也曾一度被视作中国民族企业在肉产品加工领域的翘楚和领头羊。但事实上，早在2005年，高盛便已拥有雨润13%的股权，并占有12个董事会席位中的两个，并于次年由其子公司香港罗特克斯特实现了持有双汇发展60.72%的股权转让议案。参股雨润和控股双汇直接促使高盛主导了中国肉产品加工领域。2008年9月，高盛又斥资近3亿美元在中国湖南、福建等地全资收购了10余家专业养猪场。随后，德意志银行注资6000万美元获取上海宏博集团公司养殖场30%股份；艾格菲通过在福建、广西、海南和江西收购养猪场，从“预混料生产商”成功转型为“预混料商+生猪生产供应商”；美资企

业深南控股集团在山东投资养猪项目，并独资建设涵盖生猪养殖场、种猪繁育场和饲料加工厂等子项目在内的100万头规模养猪场。

截至2008年，外资投资生猪养殖和加工企业共142家，主要集中在福建、江西、广西、湖南和江苏等养猪重要省份，占全国养殖企业总数的62%以上。同时，外资企业还积极拓展其在华种猪育种市场。全球最大种猪育种公司美国PIC公司在山东拥有龙大、万福等祖代猪场后，又在东营通过美国深蓝集团投资建设3000头母猪的曾祖代、祖代猪场，荷兰和加拿大也在山东积极布点。外资对中国肉类加工和养猪业的渗透，已使其得以将产业链条扩展至饲料原料、种猪育种、生猪养殖、屠宰加工、肉产品零售等各个环节，为将来对中国生猪和肉类加工市场的垄断预先埋下了伏笔。

3. 粮食安全

目前，外资粮商对中国粮食安全的影响尚小，且多体现在粮食流通和加工领域，但对中国小麦和大米市场的渗透已完全覆盖原粮收购、仓储加工和销售终端，且进展迅速。一方面，随着近年来各地粮食企业改制力度的加大，一些地方粮管所也开始面临生存压力。拥有雄厚资金实力的国际粮商选择一些粮食主产区的粮管所，采取租赁、控股甚至购买等方式，利用原有的“国字号”粮食收储网络，大量收购小麦、玉米等粮源，进而建立各种加工厂，巩固粮食收储网络，加强对粮源的控制。另一方面，外资粮食在国内主要产粮区不断复制上述模式的同时，还在国内企业已经进驻的地方，开设面粉加工企业，利用掌握的优质粮源以低价策略挤压国内企业生存空间。有的跨国粮商还与当地农户签订水稻种植合同，尝试订单农业，直接将势力范围渗透到种植领域。此外，嘉吉等巨头已在粮食产业链上的重要环节化肥市场开始布局，使其在华产业链条基本搭建完成。事实上，由国际粮商控制的包括粮源、仓储、运输、加工、销售等环节的供应链，正在不断完善，其对中国小麦生产和加工领域的控制权和定价权的影响正在凸显。

然而，除了大豆领域外，外资粮商对国内粮食加工流通领域的渗透程度和影响力度虽然暂时无从量化和评估，但外资企业进入粮食购销领域后，极有可能使

政府部门不能及时掌握粮食库存和销售状况，使其难以作出正确决策，则是比较确定的。所幸，中国粮食生产对外依赖度还不高，跨国公司企图通过低价粮冲击生产的可能性不大。但如若掌握了粮食的加工流通，进而掌握了粮食制成品的定价权，便会影响中国对粮食市场的宏观调控。目前跨国公司掌控中国粮食加工、流通意图已经显露，他们不仅有强大的资金优势，而且已经通过食用油建立起营销网络，并创建了一系列品牌。他们与中国粮食加工企业竞争，会有很强的杀伤力。如不采取措施，防微杜渐，将来局面可能会无法控制。

就粮食安全而言，粮食作为一种战略物资，对于发展中国家和人口大国的中国来说，其重要性就更加突出。首先，粮食生产一旦遇到战争、自然灾害和特殊的国际环境而遭受破坏，则往往难以快速恢复，且需付出高昂代价；其次，在和平时期，外资可以利用其垄断地位以价格联盟等方式操纵粮食价格；最后，战争、突发事件和重大国际纠纷，都可能促使发达国家政府以粮食进口为要挟，迫使我国作出妥协和让步。

（二）农产品市场层面的风险

中国的农产品市场上，外资企业也占据着举足轻重的地位。以种子和农药为例，外资企业已然形成了对农药和部分种子领域的垄断局面。中国作为世界第二大种子需求国，种业年贸易额约 350 亿元，潜在市场规模在 900 亿元左右。自 2000 年中国颁布《种子法》并逐步放开种子市场以来，孟山都、杜邦先锋、先正达等跨国巨头，在中国建立种子研发中心、布局销售渠道、参股本土市场的优势种子企业，至 2010 年，在中国登记注册的外商投资农作物种业公司已有 76 家，已控制了中国高端蔬菜种子 50% 以上的份额，垄断了“蔬菜之乡”山东寿光 90% 以上的蔬菜种子份额。

与此同时，跨国巨头也逐渐在中国的棉花、蔬菜、玉米等大田种子领域拥有越来越多的种植面积，占据了中国种业市场的半壁江山。在玉米种子领域，杜邦先锋先后于 2002 年、2003 年和 2006 年在山东、辽宁和甘肃等地以合资方式，分别与山东登海种业、铁岭先锋育种站，以及甘薯敦煌种业成立了合资公司，其玉

米品种“先玉335”到2010年在辽宁播种面积占总面积的40%以上，在全国的播种面积已达3000多万亩。先正达、孟山都等外资企业也纷纷加大了投资合作力度，在科研、基地、市场等多方面进行更深度的渗透。此外，利马格兰、孟山都等外资企业也已经通过合资方式开始渗透水稻和棉花制种市场。

至于农药领域，中国的农药生产企业虽有2200多家，但绝大多数厂家规模小且分散，市场集中度不足，前10家大企业占全国总产量的比重不超过20%。中国的农药企业大而不强，单一制剂和复配制剂企业在中国的市场份额没有一家超过3%。相比之下，孟山都的农达、拜耳的锐劲特、杜邦的康宽、先正达的适乐、陶氏益农的高效盖草能、毒死蜱现已成为中国数亿农民和农药行业人士耳熟能详的名字。这5家外资已经占领了中国农药的大部分市场，对中国农资市场有着相当大的冲击。外资企业在上述农产品领域的垄断局面，不仅挤压了国内同类企业的发展，而且严重威胁了中国对种子、农药等重要农产品领域的控制力。

（三）农业技术层面的风险

国外一些大的跨国公司在进入中国农业和农产品市场以后，往往会利用其庞大的规模和先进的技术迅速占领中国大部分的高端农产品市场，并牢牢占据其在高端技术方面的垄断地位。尽管我国企业可以通过接收技术转让或外商直接投资的方式获得一些先进技术，但跨国公司为保持其在竞争中的优势地位，不仅不可能将所拥有的先进技术转移出去，而且还会采取许多措施防止技术外溢。这些措施主要有：以高薪、高福利吸引和留住科研和技术人员；直接采用外资母公司的技术，实现对技术的完全控制；加大对科研技术的投入，保持自身技术的先进性。以玉米产业为例，孟山都掌控着我国高端玉米种子的技术和市场，其所推出的“先玉335”玉米种子，在价格、产量、出芽率等方面都要高出国内同类其他品种3倍之多。

此外，中国对科研技术的投入不足，也是导致自身农业技术落后的重要原因。这既加剧了中国农业技术受制于人的不利局面，又为外资企业以其技术优势影响和控制国内市场提供了可乘之机。以R&D（research and development）总经

费与 GDP 的比值为例，2009 年，中国 R&D 总经费与 GDP 之比仅为 1.70%，不仅低于欧盟 25 国 1.87% 的平均水平，而且仅在 40 个全球主要国家中排在第 22 位，2010 年也只增加到 1.76%。而在全球 R&D 经费投入最多的 5 个国家中，美、德、日、法、英 5 国的 R&D 总经费占 GDP 的比例分别为 2.79%、2.82%、3.44%、2.11% 和 1.87%。同时，中国在农业领域的 R&D 经费支出到 2010 年也仅为 50.87 亿元，在 1186.40 亿元全部 R&D 经费中仅占 4.29%，极大地限制了我国农业科技的研发和应用①。

（四）农产品价格层面的风险

随着中国农产品市场开放程度的不断加深和外资企业、外资控股的合营企业市场份额的不断增加，外资逐渐控制了中国部分农产品的定价权。食用油和棉花市场极具代表性。在食用油市场，中国已经基本丧失了定价权。益海嘉里作为我国四大食用油巨头中唯一的外商投资企业，不仅参股鲁花等多家国内著名的粮油加工企业，而且控股了多达 38 家的国内工厂和贸易公司，已成为全国最大的粮油加工集团，在很大程度上控制着中国食用油市场，影响着中国食用油的价格。以其拳头产品金龙鱼系列中的 5L 装大豆油为例，2010 年 10 月 15 日，单价在 48 元左右，而到了 10 月 22 日则猛增到 57 元，一周内涨幅高达 20%。2010 年 11 月中旬，为抵制食用油的上涨趋势，国家发展和改革委员会（发改委）约谈四大食用油巨头中粮集团有限公司、益海嘉里、中国中纺集团公司和九三粮油工业集团有限公司，并制定限价政策，同时通过定向销售约 50 万 t 食用油的方法来缓解食用油加工企业成本与终端产品价格倒挂的局面，希望能够减缓食用油上涨的趋势，却没有多大的效果。2011 年 4 月初，发改委又提出继续延长食用油限价令期限的政策，但形势仍不容乐观。至 2012 年 8 月，5L 装金龙鱼大豆油市场零售价已高达 65 元。

在棉花市场，外资对棉价波动的影响力也在日益加大。一方面，中国棉花接

① 国家统计局，科学技术部. 2011. 2011 中国科技统计年鉴. 中国统计出版社

近4成需求依赖进口的现实，直接导致了大量进口棉花的集中涌入和国内棉价的频繁波动。这主要源于目前中国棉花市场较大的供需缺口，即伴随着国产棉花种植面积大幅减少的同时，纺织业对棉花的需求量却在逐年增加。2010年棉花价格从6月份的15 500元/t上升至9月份17 709元/t，到10月份又骤升至27 300元/t。2012年3月1日发布的《2012年度棉花临时收储预案》则将2012年度棉花临时收储价格调高至20 400元/t，较2011年提高600元/t，提高幅度为3%。棉价的频繁波动，既堵塞近亿农民的增收渠道，又加大了国家稳定棉价的难度。另一方面，为应对中国对棉价上涨的抑制，跨国企业开始调整策略，逐步介入中国棉花收购领域。目前，路易达孚、威尔兄弟棉花公司、伊卡姆贸易（上海）有限公司和达利文有限公司、嘉吉等国际大棉商不仅取得了在中国参与棉花收购、经营业务的许可证，而且通过期货市场和国际市场影响或“操纵”棉花期货价格。

（五）农业生态层面的风险

尽管外资进入对中国农业生态的破坏效应尚不十分明显，但长期来看，外资进入直接或间接造成的农业生态破坏仍不容忽视。就目前的情况而言，外资对农业生态层面的风险主要来自于化肥、农药的污染，以及外来物种对生态的破坏。

1. 化肥、农药污染

由于中国对化肥和农药的限制政策较少，许多外资企业或跨国公司将大量高效农药和化肥引入中国，一方面提高了中国农产品的产量和竞争力，另一方面则由于这些农药和化肥的大量使用而造成一系列生态问题。例如，由拜耳作物科学公司在1987年研发的锐劲特杀虫剂，自其1993年实现商业化并于1994年引入中国以来，虽然效果十分显著，但由于锐劲特对蜜蜂等有益昆虫和鱼虾等水生生物具有较大的毒性，且对环境极不友好，故而在2009年初由农业部办公厅发布公告，要求自2009年7月1日，中国境内停止销售和使用含氟虫睛成分的农药制剂。孟山都对其自身研制的草甘膦，虽拥有全球约40%的生产能力和20%的产能，但受限于草甘膦在生产过程中存在较严重的环保问题，因而未能促使全球

产能的扩大，所以无法满足美国、加拿大等国家的需求。以孟山都为代表的外商便转而通过进口中国的草甘膦来满足其国内市场，间接造成发达国家将污染转嫁到中国的局面。

2. 外来物种对生态环境的破坏

在许多先进物种伴随外资进入中国后，一些有害生物也随之而来，致使中国物种受到外来有害生物的压制和排斥，破坏了中国的生态环境，甚至导致了一些生物的消失。例如，国际上的抗癌新药紫杉醇的生产使中国的红豆杉资源遭到了毁灭性的破坏。此外，尽管转基因作物往往因其高效的抗虫、抗病和抗除草剂等性能，而得以节约成本和提高产量，且吸引着大量国外科学家关注和研究，但国内目前转基因作物的研究才刚刚起步，其对环境和生态的影响尚无定论。许多外资企业把转基因作物转移到中国来进行大面积的种植，中国政府部门应提高警惕，防止大面积转基因作物的种植威胁到中国生物资源和生物多样性，导致巨大的生态破坏。

三、中国农业利用外资的风险评估

利用外资是一个收益和风险并存的过程。对农业利用外资的风险进行把握，是为中国更加积极有效地利用外商直接投资提供预警支持的前提。对评价指标的选择和分析则是进行风险评估的核心内容。

（一）中国农业利用外资风险的评价指标

已有研究大都通过单一指标的计量分析来评估外资风险程度。比如，英国学者科恩等人运用博弈理论对外商投资规模和国家经济安全的实证分析，中国学者杨建龙通过建立外商直接投资总规模与国民生产总值之间的一元回归模型对中国外商直接投资“适度规模”的分析，虽有一定可取之处，但受限于所选取的样本数量、时间序列的长度，以及计量模型的差异，都具有较大的局限性，难以全面反映一国外资风险的实际情况。因而有学者提出通过建立中国利用外资风险控制指标体系进行分析的方法，将外资风险控制指标分为三组，即基础指标（国

家）、城市（沿海开放城市）抗风险能力指标、企业易受伤害程度指标（行业），并采取一定规则从国家、城市和行业三个层面对利用外资的风险情况进行分析（赵培文，2005）。其中，基础指标主要包括外资依存度、国际收支、外汇储备，以及外资企业、外资银行和外资非银行金融机构外债占比；城市抗风险能力指标包括外资依存度、外资国别集中度、外资增长率和外商投资产业结构；企业易受伤害程度指标主要包括外商市场占有率、外商新产品产值占比、外商高新技术产业产值占比和外商参与企业技术开发情况。此种指标设定极具启发性。曾光（2005）也对外商直接投资风险度量体系的建立问题进行了实证研究，认为，可以将产业风险的检测指标分为宏观和中观两个层次，且各有主要指标和辅助指标之分。宏观层次的主要指标可以是外资依存度，辅助指标可以是 FDI 业绩指标、投资来源地集中度等；中观层次的主要指标有外资控股率和外资市场占有率，辅助指标包括品牌拥有率、技术控制率、进出口外资份额，以及外资工业产值份额。

参考上述思路，并依据数据的可获得性、指标的代表性等原则，此处选择农业外资依存度、农业企业外资控股率、外资来源地集中度和技术控制率 4 个指标进行分析，以便大致评估中国农业利用外资的风险。

（二）中国利用外资的风险评估和启示

1. 农业外资依存度

对外贸易依存度又称为对外贸易系数（传统的对外贸易系数），是指一国的进出口总额占该国国民生产总值或国内生产总值的比重，是衡量东道国经济对外商直接投资依赖程度高低的常用指标之一。农业外资依存度则是指一国农业进出口总额占该国农业总产值的比重。通常用东道国的外资依存度与世界平均水平的差距来衡量该国利用外资的大致状况。

$$农业外资依存度=农业利用外资总额/农业国内生产总值$$

由表 4-1 可以看出，中国目前中国农业利用外资的规模偏小，农业的外资依存度较低，基本维持在 0.35% 以下，且近几年更是不足 0.2%。造成此种现象的

主要原因在于：①中国农业小规模、分散经营为主的家庭经营体制与外资企业的规模化、产业化经营体制难以适应；②农业本身的特殊性，如投资较大、周期长，以及受自然条件的影响大等特性，使得农业投资环境缺乏对外商的吸引力；③中国农业基础设施薄弱，农业投资的法律、政策不完善，无法满足外商企业大规模的投资等。故从外资依存度的角度可以看出，在一定范围内，中国需要加大对农业基础设施的投入，完善相关法律，以吸引更多的外商直接投资。

表4-1　2000～2010年农业外资依存度

年份	利用外资额/亿元	农业总产值/亿元	农业外贸依存度/%
2000	55.96	24915.8	0.22
2001	74.39	26179.6	0.28
2002	85.06	27390.8	0.31
2003	82.84	29691.8	0.28
2004	92.23	36239.0	0.25
2005	58.84	39450.9	0.15
2006	47.79	40810.8	0.12
2007	70.27	48893.0	0.14
2008	87.72	58002.2	0.15
2009	97.60	60361.0	0.16
2010	126.03	69319.8	0.18

注：此处所指农业利用外资总额选用农林牧渔业外商直接投资的实际使用金额，农业国内生产总值选用农林牧渔业生产总值

资料来源：依据历年《中国统计年鉴》计算所得

2. 农业企业外资控股率

该指标用于反映一个企业或行业中外资对该企业或行业的控制力强弱程度。对于单个企业来说，外资控股率越高，外方对企业的决策权和控制权就越高；对于整个行业来说，外资控股率越高，外方对行业的控制力就越强，东道国的行业

发展就越依附于外企。鉴于数据的可获取性，本书用外商投资企业注册登记时外方投入的资本占全部注册资本的比例来反映。其计算公式为

农业企业外资控股率=企业设立时外商投资金额/企业设立时的注册资本

对于一般行业来说，外资控股率不宜超过49%，而对于农业一类关键产业或其他幼稚产业来说，外资控股率应在一定范围内越低越好。但从表4-2计算出的外资控股率数值可以看出，中国农业外资控股率从2000年开始就已经基本超过了50%，并且从2005年起一直呈现上升趋势，到2010年竟高达86.47%。这一数据表明外资企业已经深入到部分农业领域，一定程度上掌握了决策权和控制权。

表4-2　2000～2010年农业企业外资控股率

年份	外商注册资本/美元	总注册资本/美元	外资控股率/%
2000	47.26	92.15	51.29
2001	47.63	91.35	52.14
2002	52.2	103.71	50.33
2003	61.52	119.3	51.57
2004	81	151	53.64
2005	95	235	40.43
2006	106	257	41.25
2007	118	232	50.86
2008	136	251	54.18
2009	153	279	54.84
2010	179	207	86.47

资料来源：依据历年《中国统计年鉴》计算所得

3. 外资来源地集中度

该指标主要用于衡量从各外资来源国或地区所利用的外资额占中国利用外资总额的比重。如果一个国家引进外商直接投资的资金分布较广，而且绝大多数资金来源于两三个国家或地区，那么这个国家的投资来源地集中程度就比较高。在

某个产业或是市场的外商直接投资额一定的情况下，东道国的投资来源地集中度越高，其国内该产业或是市场被几个国家、地区垄断和控制的几率就越大，给东道国带来的经济风险也就越大；反之，则给东道国带来的经济风险也就越小。

中国目前利用外资主要来自于中国香港和中国台湾。以 2009 年的情况为例，中国农业在这两个地区的实际利用外资比重分别占该行业实际利用外资总额的 51.66%、14.15%，合计高达 65.81%。由于中国香港、中国台湾和中国内地的特殊政治和经济关系，高集中度且高额的外资所带来的风险相对较小。此外香港地区和台湾地区的投资公司规模和技术含量也比较低，不会给中国内地带来大的冲击。反观美国、日本、欧盟等地大的跨国公司，其规模较大、技术先进，给中国的市场冲击要远远大于中国香港和中国台湾的企业。不过中国农业在利用外资的过程中仍需注意如下问题。

1）虽然中国香港和中国台湾两个地区所带来的风险相对较小，但是这两个地区较大的形势变动依然会给中国农业带来冲击，所以中国应尽可能地加大对其他国家和地区的吸引力度以减小中国香港和中国台湾可能带来的风险。

2）中国农业实际利用外资总额排名靠前的香港、英属维尔京群岛、巴巴多斯，以及开曼群岛等地实际上是避税港，来自这些地区的外资占中国利用外资的比例超过 70%。由于避税港税率很低，甚至是完全免征税款，所以许多跨国公司把公司建在避税港完全是为了缴纳较低税款或者免除税款。如果中国农业在上述避税港地区所利用的外资主要来源于出于避税目的的美国、日本、欧盟等地的跨国公司，就会给中国农业带来很大的风险。所以中国农业在利用外资的过程中要注意外资真正的来源地。

4. 技术控制率

狭义的技术控制率指的是外商投资企业中外商所拥有的技术占全部使用技术的比例，通常可以用外商在该行业所投入的 R&D 经费占该行业所投入的全部 R&D 经费的比例来表示。若外商的技术控制率超过一定的警戒线，就会形成东道国企业对外资企业的技术依赖，使东道国只能在价值链的低端进行生产和经营，从而成为外商的“加工厂”。通常情况下，外资企业的总体技术控制率以

40%为警戒线，对于一些关键产业或是幼稚保护产业，该比例应该低于40%的警戒线。

技术控制率=外商投入的 R&D 经费/R&D 经费总额

由表4-3 可以看出，外商对中国农业投入的 R&D 经费总体数额呈现上升的趋势，这表明外资正在扩大对中国农业研究与实验发展的投资。但是其占中国农业总体 R&D 经费的比例暂时不高，基本保持在 1.5%以内，近几年甚至降至 0.5%左右，说明外商对农业技术控股率并不高。中国引进外资的重要目的之一便是获取国外的先进技术，因而中国长期以来一直坚持“以市场换技术”的策略，但迄今为止许多领域的高新技术或关键技术却依然掌握在外商手中。加之目前中国农业的 R&D 经费主要由政府部门投资，本土企业不愿对研发投入过多的资金，致使许多优秀人才为了优厚薪资和福利待遇而进入跨国公司工作，进一步制约了中国农业科研和技术水平的提高。由此可见，中国政府应在不断加大农业科研投入的同时，在一定范围内适度提高外商在中国农业 R&D 经费投入比重，并积极提高吸收跨国公司的先进技术的能力，以免沦落个“丢了市场也换不来技术”的尴尬境地。

表 4-3　2002～2010 年外资农业技术控制率

年份	外商 R&D 经费投入/万元	总 R&D 经费/万元	技术控制率/%
2002	1 129	106 792	1.06
2003	1 165	123 296	0.94
2004	1 853	152 965	1.21
2005	1 933	168 256	1.15
2006	3 272	183 276	1.79
2007	3 316	232 544	1.43
2008	2 070	306 578	0.68
2009	2 027	434 345	0.47
2010	2 537	508 692	0.50

资料来源：依据历年《中国科技统计年鉴》计算所得

第五章

中国农业利用外资与农业产业结构升级

各国经济发展的历史表明，经济结构转变与经济增长之间存在相互依存、相互促进的内在联系。库兹涅茨、钱纳里等经济学家对各国经济发展历史的研究证明，随着人均国民收入水平的不断提高，经济结构变动提升，主要体现为居民消费结构中食品消费比重不断下降、非食品消费比重不断提高；GDP 构成中最终消费的份额趋于下降，投资份额趋于上升；GDP 的产业构成中第一产业产值比重不断下降，第二产业和第三产业产值比重不断上升。其中消费结构的提升是各种经济结构提升的需求基础，而产业结构是经济结构提升的供给基础。从需求决定论的观点看，产业结构的转变最终取决于消费需求结构的转变，但推动产业结构转变的直接因素是劳动力（人力资本）、资本和技术进步等生产要素在不同产业部门之间的配置与再配置，其中由投资决定的新增固定资产和存量资本的再配置是最重要的影响因素，因为其他生产要素总是伴随着投资结构的转变或资本再配置而流动。

第一节　中国农业产业结构的演变

一、农业产业结构的内涵和变动指标

（一）农业产业结构的内涵

农业产业结构通常称之为农业生产结构，有时简称为农业结构。鉴于广义的

农业结构也可包括技术结构等内涵，也由于农业各生产部门正在迅速转变为产业部门，本书采用农业产业结构的提法。

农业产业结构是指一个国家、一个地区或一个农业企业的农业产业各部门和各部门内部的组成，以及其相互之间的比例关系。它是农业资源配置中的一个基本问题，也是农业生产力诸要素如何结合的基本问题。它的合理与否直接影响着农业以至整个国民经济的发展。在农业产业化过程中，调整与优化农业产业结构是实现农业现代化的重大战略问题。

农业产业结构所包括的产业，通常是由一国的农业的概念决定的，但都具有多层次性。在中国，20 世纪 80 年代前，农业包括农业（种植业）、林业、畜牧业、副业和渔业，现已修改为包括农、林、牧、渔业。这是农业产业结构中一级结构。在各业内部又包括产品性质和生产特点不同的各种产业类别。例如，种植业内部包括粮食作物、经济作物、特种作物等产业类别；在林业中包括用材林、经济林、防护林等；在畜牧业中包括养猪业、养禽业等；在渔业中包括养殖业与捕捞业等。这些产业的比例关系与结合形式，构成了农业产业的二级结构。以此类推，二级产业内部还有更加具体的项目。随着产业分工的发展，产业有日益细化趋势，构成了农业产业的三级、四级结构。

（二）农业产业结构变动的指标

农业产业结构处在不断变化中，是农业生产力发展的表现。这种变化可借助于一系列指标来反映，主要有如下几种。

1. 农业总产值（或增加值）结构

即种植业、林业、畜牧业、渔业产值（或增加值）占农业总产值（或增加值）的比重。如要分析二级结构，则计算各业内部二级产业的产值（或增加值）的比重。这是最常见的普遍采用的简易办法。

2. 农业商品产值结构

即农业各产业的商品产值占农业商品总产值的比重。这一指标除了反映各业的比例关系，还反映了各业产业化的程度，能更确切反映产业结构。

3. 土地利用结构

即耕地、林地、牧场草地等各占土地总面积或农业用地总面积的比重，在分析种植业结构时，可使用各类作物的播种面积占总播种面积的比重。

4. 农业劳动力利用结构

即各业所占用的劳动力占农业劳动力总数的比重。

5. 农业资金利用结构

即各业占用的资金在农业资金总占用量的比重。

上述前两项指标是综合性指标，后三项是分别从资源配置、生产力要素占用状况来分析农业产业结构。当然，这是基本的指标，在实际运用中，可根据具体情况选择其他指标。上述指标反映了农业产业结构在量上的变化。

（三）农业产业结构升级

农业产业结构的量变积累到一定程度，会发生质的变化。这种质的变化是指在农业产业过程中，一般会经历下述不同发展阶段，或叫产业结构升级。

1. 结构改革起步阶段

在起步阶段，传统的结构开始向现代产业结构转变。主要表现为以粮食为主的结构转向粮食和多种经营相结合的结构，粮食比重下降，农业中分化出多种产业，比重上升，专业化生产开始形成。与此同时，农业商品量与商品率上升，农民逐渐以市场为导向进行产业选择。

2. 结构改革发展阶段

农业产业结构形成了以粮食为基础，以专业化生产为主的产业结构，各国、各地区、各企业的农业产业结构已大不相同；农业产业内部的分工分业日益强化，农业已经基本商品化，市场调节着资源在各产业的配置。

3. 结构改革的高级阶段

这一阶段结构的变化主要标志是在农业市场化条件下高效益的农业结构已经形成，农业专业化生产已占主导地位，优质农产品的比重有大幅度上升，特别是高科技农业产业的比重日益上升，现代农业的产业结构已确立。

二、改革前中国农业产业结构

中国农业产业结构在不断地变化，这些变化反映了中国农业产业结构的变化趋势既符合前一节阐明的一般原理，也反映了其中包含着中国的具体国情的特点。总的来看，中国农业产业结构的变化，可分为改革前和改革后两大发展阶段。

改革前，中国传统的农业（也叫大农业）分为农业（种植业）、林业、牧业、副业和渔业，其总产值的构成如表5-1所示。

表5-1　1949～1979年中国农业总产值构成　　（单位：%）

项目 年份	农业（种植业）	林业	牧业	副业		渔业
				合计	其中队办工业	
1949	82.5	0.6	12.4	4.3	—	0.2
1957	80.6	1.7	12.9	4.4	—	0.5
1965	75.8	2.0	14.0	6.5	—	1.7
1970	74.7	2.2	12.9	8.7	—	1.5
1979	66.9	2.8	14.0	15.1	12.5	1.2

资料来源：1991年《中国统计年鉴》

旧中国基本上是一种单一的种植业结构，其他各业均处在从属的“副业”地位，比重很小。这反映了当时农业生产力水平低下，农业是一种维持温饱的结构。

新中国成立后，农业产业结构发生了一些变化，种植业的比重有所下降，多种经营的比重有所上升，但是变化不很显著，基本格局没有变化。这反映了农业生产力水平有所提高，但还处在为温饱而奋斗的农业产业结构阶段。

各业比重的变化，在很大程度上是由副业比重上升较快而引起的，而其中主要是由队办工业（后改为村办工业）的增长引起的。考虑到队办（村办）工业已不属于农业的范围，不能准确反映农业结构的变化，所以先是在副业中扣除了工业成分，继而把农、林、牧、副、渔改为农、林、牧、渔，在农业产

值中包括种植业和其他农业。而其他农业只包括原属副业的采集野生植物和农民家庭中兼营的工业。这样，可以较确切的反映农业产业结构（修正后的数据可参见表5-2）。

表5-2　1978～2009年中国农业总产值的构成（按当年价格）

年份	农、林、牧、渔	农业		林业		牧业		渔业	
	总产值/亿元	金额/亿元	比重/%	金额/亿元	比重/%	金额/亿元	比重/%	金额/亿元	比重/%
1978	1 397.0	1 117.5	79.99	48.1	3.44	209.3	14.98	22.1	1.58
1980	1 922.6	1 454.1	75.63	81.4	4.23	354.2	18.42	32.9	1.71
1985	3 619.5	2 506.4	69.25	188.7	5.21	798.3	22.06	126.1	3.48
1990	7 662.1	4 954.3	64.66	330.3	4.31	1 967.0	25.67	410.6	5.36
1991	8 157.0	5 146.4	63.09	367.9	4.51	2 159.2	26.47	483.5	5.93
1992	9 084.7	5 588.0	61.51	422.6	4.65	2 460.5	27.08	613.5	6.75
1993	10 995.5	6 605.1	60.07	494.0	4.49	3 014.4	27.41	882.0	8.02
1994	15 750.5	9 169.2	58.22	611.1	3.88	4 672.0	29.66	1 298.2	8.24
1995	20 340.9	11 884.6	58.43	709.9	3.49	6 045.0	29.72	1 701.3	8.36
1996	22 353.7	13 539.8	60.57	778.0	3.48	6 015.5	26.91	2 020.4	9.04
1997	23 788.4	13 852.5	58.23	817.8	3.44	6 835.4	28.73	2 282.7	9.60
1998	24 541.9	14 241.9	58.03	851.3	3.47	7 025.8	28.63	2 422.9	9.87
1999	24 519.1	14 106.2	57.53	886.3	3.61	6 997.6	28.54	2 529.0	10.31
2000	24 915.8	13 873.6	55.68	936.5	3.76	7 393.1	29.67	2 712.6	10.89
2001	26 179.6	14 462.8	55.24	938.8	3.59	7 963.1	30.42	2 815.0	10.75
2002	27 390.8	14 931.5	54.51	1 033.5	3.77	8 454.6	30.87	2 971.1	10.85
2003	29 691.8	14 870.1	50.08	1 239.9	4.18	9 538.8	32.13	3 137.6	10.57
2004	36 239.0	18 138.4	50.05	1 327.1	3.66	12 173.8	33.59	3 605.6	9.95
2005	39 450.9	19 613.4	49.72	1 425.5	3.61	13 310.8	33.74	4 016.1	10.18
2006	40 810.8	21 522.3	52.74	1 610.8	3.95	12 083.9	29.61	3 970.5	9.73
2007	48 893.0	24 658.1	50.43	1 861.6	3.81	16 124.9	32.98	4 457.5	9.12
2008	58 002.2	28 044.2	48.35	2 152.9	3.71	20 583.6	35.49	5 203.4	8.97
2009	60 361.0	30 611.1	50.71	2 359.4	3.91	19 468.4	32.25	5 626.4	9.32

资料来源：根据各年《中国统计年鉴》整理

三、改革后中国农业产业结构的变化

产业结构变动是世界上所有国家经济发展和工业化过程的基本内容。产业结构变动的一个重要方面是第一产业在整个国民经济中相对地位的变化和第一产业内部结构的变动，前者指在三次产业构成中，农业部门的相对产值结构和就业结构的变化；后者指在农业内部结构中，种植业、林业、畜牧业、渔业等各个具体产业部门相对比重的变化。

改革以来，无论是从中国农业在三次产业结构的比重看，还是从第一产业内部结构中各具体产业部门的相对比重看，结构的变动是比较大的。从农业在三次产业的相对地位来看，1978 年农业在中国国内生产总值中所占比重为 28.1%，2000 年这一比重下降到 16.7%，这大大推动了中国经济发展和工业化的进程。

从农业内部结构的变动来看，种植业所占比重逐年下降。2000 年与 1978 年相比，种植业在农业中所占比重由 80.0% 下降到 53.4%，畜牧业和渔业所占比重明显上升，畜牧业所占比重上升了 16 个百分点，渔业所占比重上升了 7.7 个百分点。与改革前相比，严重失衡的农业产业结构得到一定程度矫正，农业内部结构逐步从不合理向相对合理演化。

中国第一产业内部结构的这种变化固然是多种因素共同作用的结果，但它与改革开放以来中国积极地吸收和引进外资特别是外商直接投资有着密不可分的联系。因此，这里着重从农业吸收外商直接投资对农业内部结构变动的影响这样一个视角来对农业的外商直接投资的合理性和协调性进行分析，并在此基础上提出调整中国农业外商投资政策和优化农业产业结构的思路。

改革开放以来，中国农业产业结构发生了明显的变化，见图 5-1。这一阶段农业产业结构变化的特点有如下几点。

1）农业各产业部门的产值均有较快增长，但增长的速度有所不同，反映了农业产业结构正经历结构的重大改革。从农业内部结构的变动来看，种植业所占比重逐年下降，由于粮食产值比重下降，是建立在粮食产量稳定增长、粮食供求关系基本平衡基础上，所以这是一种良性的下降。畜牧业和渔业所占比重明显上

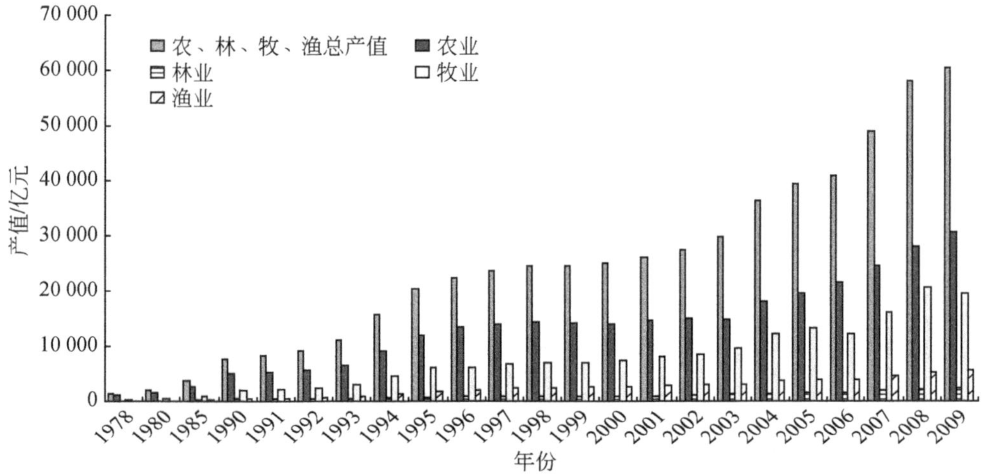

图 5-1　1978～2009 年中国农业总产值的构成（按当年价格）

资料来源：根据各年《中国统计年鉴》整理

升，畜牧业所占比重上升了 16 个百分点，渔业所占比重上升了 7.7 个百分点，但林业所占比重略有下降。畜牧业和渔业比重大幅度上升，一方面反映了农业综合生产能力提高，能将更多的资源配置在动物生产上；另一方面反映了随着人们生活水平的提高，对动物产品食品需求增长。与改革前相比，严重失衡的农业产业结构得到一定程度矫正，农业内部结构逐步从维持温饱的结构，向促进小康型的结构转化，从不合理向相对合理演化。

2）结构的变化呈现出阶段性，不仅是变动频率不同，而且还有各自的特点。这主要取决于粮食生产状况和我们所选择的调整对策。1979～1984 年，一方面，通过改革发展了粮食生产和增加粮食进口，以便缩减粮食种植面积，减轻传统的“以粮为纲”所形成的“单打一”的局面；另一方面，大力发展多种经营，使农业产业结构开始调整。1984 年，中国首次出现粮食和棉花销售困难，在这个背景下曾大幅度削减粮、棉播种面积，扩大多种经营，开始在部分农产品过剩背景下根据市场需求进行结构调整。由于调整过猛，粮、棉又曾出现收购困难的现象。20 世纪 90 年代初，随着农业综合生产能力的提高，多数农产品供过于求，农产品供给价格较普遍下降，迫使各地加大农业产业结构调整以适应市场的状

况。1995年以来，农业连年丰收，农产品供给形成新一轮增长高峰，然而需求的增长是平稳的，出现了农产品全面卖难的现象。因此以市场需求为导向，进一步优化农业产业结构成为全国各地区普遍关注的重大问题。这也是各地普遍促进农业产业化进程的背景。

第二节　外资流入与中国农业产业结构阶段性变化之间的关系

从改革开放后中国产业结构的变化特征看，除1978～1993年期间第一产业产值比重有所上升外，其他年度第一产业产值比重均呈逐年递减态势，第二产业和第三产业产值比重不断上升。鉴于改革开放之后中国利用外资规模日益扩大，实际利用外资规模由1979～1983年期间年均不足30亿美元递增到1997年的644亿美元，利用外资在中国全社会固定资产投资中的比重不断提高，由1981年的3.8%提高到1997年的10.3%，且90%以上的外资流入集中于第二产业和第三产业，因此，作为固定资产投资主要来源之一的外资流入和其投向是促进中国产业结构转变的重要因素。同时，与外资流入特别是外商直接投资相伴而来的先进生产技术和管理技术和其扩散效应和示范效应，促进了国内利用外资行业的技术进步和劳动生产率的相对提高，也间接促进了产业结构的转变。

改革开放后，中国产业结构的变化特征是第一产业产值比重不断下降，第二产业和第三产业产值比重不断上升，但这一转变具有明显的阶段性特征。导致产业结构发生阶段性变化的原因是多方面的，包括政府产业政策的调整、投资结构转变、消费结构提升、进出口结构的转变等，其中外资流入在这一转变过程中起到了重要的作用。

一、中国产业结构的第一次阶段性变化（1978～1983年）

中国产业结构的第一次阶段性变化发生于1978～1983年，第一产业的产值比重（第一产业增加值占GDP的比重；下同）由1978年的28.1%上升到1983

势。从实际利用外资总额来看，1997 年，中国利用外资总额达到 644.08 亿美元，但在随后的 4 年里，数量逐年减少。2001 年，中国利用外资总额为 496.72 亿美元，为这一阶段最低年份。2002 年开始，随着中国整个国民经济发展水平和社会投资环境的不断改善，中国利用外资情况呈逐年递增的趋势。2009 年，中国利用外资总额达到 918.04 亿美元，比 1997 年，增长了 42.54 个百分点（表 5-3）。从行业实际利用外资的变化看，第一产业利用外资总额在中国利用外资总额中所占的比重呈下降的趋势，而第二产业和第三产业吸引外资的能力不断增长。2009 年，中国农业实际利用外商直接投资占实际利用外商直接投资的比重为 26.09%，比 1997 年下降 32.83 个百分点。

表 5-3　1997 ~ 2009 年中国利用外资情况（实际使用额）　（单位：亿美元）

年份	农业利用外商直接投资	利用外资总额	外商直接投资总额
1997	6.28	644.08	452.57
1998	6.24	585.57	454.57
1999	7.10	526.59	403.19
2000	6.76	593.56	407.15
2001	8.99	496.72	468.78
2002	10.28	550.11	527.43
2003	10.01	561.40	535.05
2004	11.14	640.72	606.30
2005	7.18	638.05	603.25
2006	5.99	670.76	630.21
2007	9.24	783.39	747.68
2008	11.91	952.53	923.95
2009	14.29	918.04	900.33

资料来源：历年《中国对外经济统计年鉴》和《中国统计年鉴》

第三节　农业利用外资对农业经济增长的贡献

一、国内外关于外商直接投资与经济增长的研究

（一）国外学者对外商直接投资与经济增长关系的研究

很多研究表明，外商直接投资是促进经济增长的主要动力之一。特别是在一些发展中国家，外商直接投资对经济增长具有十分重要的影响。经济学家比较了国内和外商直接投资的经济效果。发现尽管国内资本对经济增长的贡献超过了外国资本，但二者都有助于国家的经济发展。甚至有学者将经济衰退部分归因于外国投资的缺乏（苗珊珊，2006）。

由于外商直接投资是资本存量、知识和技术的综合体，因此，它对当地经济增长的影响应该是多方面的。作为一种资本存量，外资的流入可以增加用于投资的总体财政资源，缓解潜在的发展瓶颈，如储蓄和外汇短缺。通过缓解这些瓶颈和限制，外商直接投资能够促进当地的资本形成和经济增长。通过各产业之间的联系，外商直接投资也能够刺激国内部门的增长。这种产业联系，既包括前向联系，如为当地企业提供中间投入；也包括后向联系，如从当地购买投入品。很明显，外商直接投资所产生的这种诱导性要素需求，将对国内部门产生多方面的需求，由此对国内投资、产出和就业增长产生乘数和加速作用。

近年来国际学术界对外商直接投资对东道国经济增长的影响进行了大量的实证研究。和 Iwasaki（2004）研究了 9 个亚洲发展中国家外国私人投资和外国援助对经济增长和国内储蓄的影响，发现外国私人投资对 GDP 增长具有重要的有利影响，但对国内储蓄有着不太显著的正的影响；而外国援助对 GDP 增长具有一个不显著的正的影响，对国内储蓄则有着负的影响。Haddad 和 Harrison（1993）分析了摩洛哥公司的横截面数据，证明了更高水平的 FDI，并不一定会带来国内企业生产率的增长。Aitken 和 Harison（1999）运用委内瑞拉工厂的模块（Panel）数据库研究发现，FDI 对国内企业的生产率实际上有负面影响，这

些回归结果与对具体国家的案例研究是一致的。Agosin 和 Machado（2005）以中国台湾为例，考察了外商直接投资对经济增长、私人固定资产投资、私人消费，以及进出口的影响。结果发现，外商直接投资通过刺激私人固定资产投资和增加出口，促进了当地经济的增长，但对私人消费和进口没有显著的影响。Jansen（1995）在对泰国的研究中发现，外商直接投资对私人投资水平和出口有着直接而强烈的正的影响，并通过新技术的引入提高当地经济效率，由此带来较高的经济增长。Athukorala 和 Menon（1995）发现，在过去 20 年中，外商直接投资在马来西亚的出口导向型经济增长和就业扩大中起着十分重要的作用。

在对中国的实证研究方面，Kueh（1992）讨论了外商直接投资对中国沿海开放地区国内投资、工业产出和出口的影响，发现外商投资对总资本形成做出了很大贡献，外商投资企业已经成为沿海地区重要的工业生产商和出口商。Sun（1998）则分析了外商直接投资对中国区域经济增长的影响。他认为，外商直接投资是导致改革开放以来东部和西部地区间经济增长差异和收入不平等的最重要的因素。

（二）国内学者对外商直接投资与经济增长关系的研究

国内的学者也对外商直接投资产生的各种效应作了很多的研究，主要包括以下几个方面。魏后凯（2002）利用 1985 ~ 1999 年的时间序列和横截面数据，对外商直接投资对中国区域经济增长的影响进行了实证分析。结果表明，在这期间，东部发达地区与西部落后地区之间 GDP 增长率的差异，大约有 90% 是由外商直接投资引起的。而武剑（2002）则运用多维方差分析模型，对中国地区间 GDP 差距、国内投资数量差距、国内投资效率差距、FDI 数量差距和 FDI 效率差距等关键变量进行了分析研究。结果表明，FDI 的区域分布不能有效解释各地区经济的不平衡状况，相反，国内投资的区域差距，特别是在投资效率上的显著差别，是造成区域经济差距长期存在的主要因素，由此引起了消除投资效率差异为核心的区域政策取向。王福新等在对中国利用外资与经济发展的关联度进行分析后认为，利用外资的方式初期阶段应以对外借款为主，成长阶段应以吸引外商直

接投资为主，成熟阶段则重心向证券市场倾斜，并且“筹资证券化”已经成为国际资本市场上的一种新的融资措施。

二、农业利用外资与农业经济增长的相关分析

针对利用外资对中国农业发展的贡献进行评价，可进一步揭示利用外资对中国农业发展的作用与存在的问题，为中国农业今后更好更有效的利用外资提供参考。

为了说明利用外资对中国农业的整体影响，本书将采用 Stata12.0 软件，对农、林、牧、渔业总产值与实际利用外商直接投资之间的关系进行 Granger 因果检验、协整检验和误差修正模型分析。

（一）数据来源与模型建立

利用外资对中国农业发展最直接最有效的作用便是促进中国农业经济的发展，即提高农业总产值，增加农民收入等。近些年，外商直接投资成为中国农业利用外资的主要方式，而农业利用外商直接投资金额分为协议金额和实际金额，由于实际到位的资金才会对农业经济发展产生促进作用，因此，本书采用实际利用外商直接投资、农林牧渔业总产值作为本研究的统计指标。根据资料的可得性，本书将时间跨度定位在 1990～2009 年，使用年度数据，数据来源为历年的《中国统计年鉴》、《中国对外经济统计年鉴》、《中国商务年鉴》。

设定实际利用外商直接投资、农林牧渔业总产值分别为 FDI、GDP。各变量使用 GDP 平减指数（1990 年=100）折算成按可比价格表示的数值（见表 5-4）。为了剔除实际利用外商直接投资与农林牧渔业总产值之间可能存在的异常关系，本书对样本数据进行了对数处理，以降低时间序列数据的非平稳性和异方差性。建立如下模型方程：

$$\text{Ln}(GDP) = \alpha + \beta \ln(FDI) + e_t \qquad (5.1)$$

其中，e_t为随机干扰项。通过此模型来，揭示 FDI 与农业经济增长的相关性。

表 5-4　FDI 和 GDP 按可比价格表示的数值

年份	GDP/亿元	FDI/亿美元
1990	7 662.1	102.89
1991	8 157.0	115.54
1992	9 084.7	192.03
1993	10 995.5	389.60
1994	15 750.5	432.13
1995	20 340.9	481.33
1996	22 353.7	548.05
1997	23 788.4	644.08
1998	24 541.9	585.57
1999	24 519.1	526.59
2000	24 915.8	593.56
2001	26 179.6	496.72
2002	27 390.8	550.11
2003	29 691.8	561.40
2004	36 239.0	640.72
2005	39 450.9	638.05
2006	40 810.8	670.76
2007	48 893.0	783.39
2008	58 002.2	952.53
2009	60 361.0	918.04

资料来源：历年的《中国统计年鉴》、《中国对外经济统计年鉴》、《中国商务年鉴》

（二）变量的单位根检验

由于书中所采用的数据为时间序列数据，数据很可能是非平稳的。如果采用非平稳的时间序列数据进行回归分析，则会出现伪回归问题。因此，在对时间序列数据进行分析前，应首先检验序列是否平稳。在此，本书利用 Stata12.0 软件，采用增广的迪基富勒（ADF）方法对 FDI、GDP 进行数据的平稳性的单位根

检验。

检验结果显示，FDI、GDP 均存在非稳定性（表 5-5）。对原序列进行一阶差分处理，再次进行 ADF 检验。从检验结果来看，在 5% 的显著性水平下，根据 FDI、GDP 样本计算的 Z（t）统计量均小于其 5% 的临界值，因而，我们可以在 5% 显著性水平下拒绝变量存在单位根的原假设，是平稳序列，即 FDI、GDP 是一阶单整的。

表 5-5　单位根检验结果

dfuller Ln（GDP）1				Number of obs = 18
Dickey-Fuller test for unit root				
	TestStatistic	1% CriticalValue	5% CriticalValue	10% CriticalValue
Z（t）	−3.221	−3.750	−3.000	−2.630
MacKinnon approximate p-value for Z（t）= 0.0188				
dfuller Ln（FDI）1				
dfuller Ln（GDP）1				Number of obs = 18
Dickey-Fuller test for unit root				
	TestStatistic	1% CriticalValue	5% CriticalValue	10% CriticalValue
Z（t）	−3.320	−3.750	−3.000	−2.630
MacKinnon approximate p-value for Z（t）= 0.0140				

（三）变量的协整检验

协整检验的基本思想在于，尽管两个或两个以上的变量序列为非平稳序列，但它们的某种线性组合去可能呈现稳定性，则这两个变量之间便存在长期稳定关系。通过 ADF 检验表明，Ln（GDP）和 Ln（FDI）序列的一阶差分均已平稳，满足协整检验的前提条件。这里我们采用约翰逊协整检验来检验变量之间是否存在协整关系。结果显示，Ln（GDP）与 Ln（FDI）之间具有协整关系（表 5-6，图 5-2）。

表 5-6　Ln（GDP）与 Ln（FDI）的协整关系检验结果

vecrank Ln（GDP）Ln（FDI）					
Johansen tests for cointegration					
Trend：constant					Number of obs = 18
Sample：1992 ~ 2009					Lags = 2
maximum rank	parms	LL	eigenvalue	Trace statistic	5% criticalvalue
0	6	37. 64047	.	22. 7268	15. 41
1	9	48. 82226	0. 71132	0. 3632 *	3. 76
2	10	49. 00387	0. 01998		

* 表示置信度为 5%

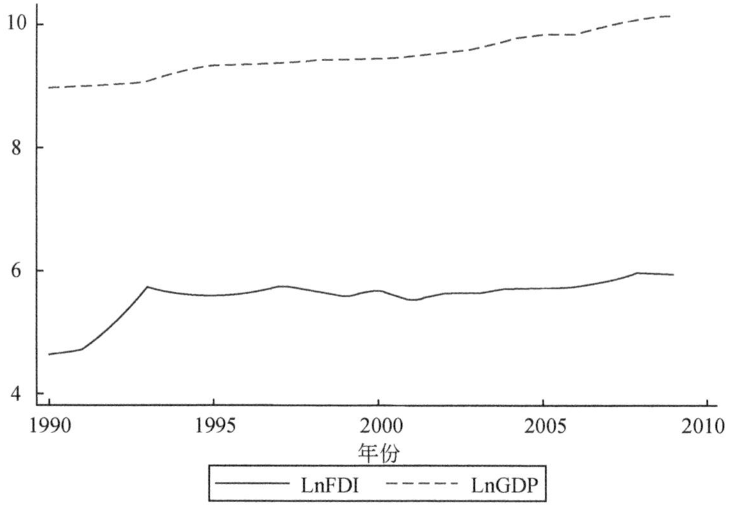

图 5-2　FDI 与 GDP 的作图

（四）估计回归模型

以 Ln（GDP）为被解释变量，Ln（FDI）为解释变量，用 OLS 回归方法估计回归模型（表 5-7）。结果如下：

$$\text{Ln}(\text{GDP}) = 5.21 + 0.77\ln(\text{FDI})$$
$$(5.8) \qquad\qquad (4.77)$$

R-squared=0.6583；AdjR-squared=0.6337；F（1，18）=22.75

表 5-7 线性回归结果

Source	SS	df	MS		F（1，18）= 22.75	
Model	1.3627701	1	1.36277		Prob>F=0.0002	
Residual	1.07834649	18	0.059908		R-squared=0.6583	
Total	2.44111659	19	0.12848		Adj R-squared=0.6337	
Ln（GDP）	Coef.	Std. Err.	t	P>|t|	[95% Conf. Interval]	
Ln（FDI）	0.7672189	0.160861	4.77	0.000	0.429262	1.105175
_cons	5.210155	0.897629	5.8	0.000	3.324308	7.096003

（五）实证检验结果和分析

通过对中国农、林、牧、渔业总产值与外商直接投资之间关系的实证分析，可以得出：从弹性系数上看，外商直接投资对中国农、林、牧、渔业总产值有一定的正向影响，外商直接投资每增长1%，大约可以带动农、林、牧、渔业总产值增长0.008%，但贡献率还有提高的空间。

第四节 外商投资在农业发展和农业产业结构调整中的地位

从加快经济发展和优化产业结构的总体目标看，处于世纪之交的中国农业也必须相应地继续进行内部结构调整和优化。而要调整和优化中国农业内部结构，首先，要处理好种植业内部粮食作物、经济作物和饲料作物的关系。粮食是农业的基础，也是调整农业产业结构的基础。如果粮食供给达不到一定的水平，结构调整是难以进行的。目前的消费结构和中国调整农业产业结构的经验表明，农村人均占有粮食在400~500kg才能顺利推进结构调整。如果人均占有量低于这一

水平，是难以调整结构的。因此，粮食生产不能放松只能抓紧。从中国粮食供求状况来看，产需矛盾也很突出。因此，也要采取切实措施保证粮食生产的稳定增长，为中国农业乃至国民经济的结构调整创造一个相对宽松的环境。在保证粮食稳定增长的基础上，积极发展多种优势经济作物，因地制宜地调整作物和品质结构，转变传统的种植结构。其次，要处理好种植业、林业、畜牧业和渔业四者的关系。在保持种植业生产稳定增长的同时，大力发展林业、畜牧业和渔业。

要实现上述结构调整和优化目标，我们面临着巨大的挑战。从资金投入看，中国农业发展和农业内部结构调整需要大量的资金投入，这样庞大的资金需求如果仅靠中央和地方政府是很难解决的，必须整合资源，开辟各种渠道，多方面筹措资金；从技术上来说，中国需要借助外资引进先进的农业科技、农用生产资料、种子、种苗、种畜，以及种养、生产、加工技术等；从管理模式和生产方式来说，中国也应当吸收、借鉴与外资相伴随的现代农业企业的管理方式和产业化生产方式。可见，外商投资作为市场经济的具体体现和诸多生产要素的载体，是中国农业发展和农业结构优化需要借助的重要外部力量。如果没有这种外部力量的支持，中国农业发展和农业产业结构的调整与优化的进程必定会受到严重影响。由此可见，积极、合理、有效地利用外商投资有助于推动中国农业的现代化和农业内部产业结构优化进程。

第五节　外商投资是农业产业结构升级的内在动力

一、外商投资有利于弥补国内资金的不足

改革开放以来，由于经济运行机制发生了根本性的变化，市场在资源配置中的比重和范围日益扩大。在这种背景下，农业作为一种弱质产业，其吸引资金投入的能力下降，因而使得农业的资金投入力度下降。1978 年，农业基本建设投资在全国基本建设投资中所占的比重为 10.3%，1985 年降为 3.3%，1990 年为 3.9%，1993 年为 2.8%，1994 年又降为 1.9%，1995 年进一步下降到 1.0%，1996 年和 1997 年虽有所上升，但仍低于 2%，2002 年和 2003 年略有上升，也没

超过 2.8%。农业贷款在各项贷款总额中所占的比重也在降低。1980 年农业信贷资金占全国信贷资金的比重为 7.3%，1985 年下降到 6.5%，1990 年降为 6.2%。90 年代以后，下降更为严重，1997 年降为 3.5%。经过改革开放 30 多年的发展，农业贷款在各项贷款中所占的比例偏低的格局依然没有得到扭转。2009 年，中国农业贷款为 21 623 亿元，仅占金融机构当年贷款总额的 5.4%。加之，由于目前金融机构业务面过于狭窄，在农田水利、农业综合开发、农村生态环境保护与治理等方面仍为空白，没有真正起到促进农业发展和农村经济的作用；农村信用社作为目前农村金融市场中主要的正规金融机构，由于存在着治理结构不完善、所有者缺位、产权归属不清晰等问题，其帮农、扶农作用也受到严重制约。因此，在国家财政和银行信贷对农业投资力度显著下降的情况下，外商投资进入农业，在一定程度上弥补了农业的资金缺口，逐步成为农业投入的一个重要资金来源。

二、外商投资促进农业产业化经营

农业产业化经营是中国农业产业结构升级和在家庭承包经营基础上实现农业现代化的重要途径。

长期以来，中国在农业生产方式上，基本还处于小农经济状态。这种一家一户分散的小农生产方式，不仅难以抗御自然风险，也难以抗御市场风险，更难以尽快实现从传统农业向现代农业的转变。农业利用外资的不断发展，带来了现代农业的经营理念，引进了现代农业的生产方式和经营方式，使人们不再把农业作为一个单纯的种植、养殖行业看待，而是看作一个养殖、储藏、保鲜、加工、运输、销售等各个环节相互连接、相互促进的产业，从而拉长了农业的产业链条，提高了农产品价值，提升了农业的市场化、社会化和集约化水平。外商对中国农业进行投资，一般是通过建立规范化的公司的形式来具体运作的，这样就在其所投资的地区形成龙头企业，这些龙头企业通过合同契约关系，与广大农民结成生产、加工、销售一体化的经济实体，组织农民按市场需求定向生产，解决了千家万户的分散生产与社会化大市场对接过程中遇到的诸多困难。例如，山西华晋鹅

业有限公司利用国际金融组织贷款项目，不断扩大养殖规模，改善养殖条件，扶持项目实施初见成效。2005年，出栏成鹅9万只，孵化种鹅11万只，销售总额达到150余万元。形成以养鹅为龙头，采用“公司+农户”和“订单农业”的形式，带动和辐射周边40多个村庄1100多户农民养鹅5万只，户均纯收入达到1200元，安排了1100余人农村剩余劳动力，把农户带上了一条致富新路。

三、外商投资有利于引入先进技术和优良品种

先进的科学技术是农业产业结构演变的决定性力量。①随着科学技术的发展，人们可以开发新的农业资源，拓宽自然资源的利用范围，使新的产业或产品生产可以突破原有资源的制约而得以更好地发展；②科学技术的进步，可以为农业内部发展有限的产业提供先进的技术与设施使其得以更快发展；③农业科学技术可以不断为农业提供新的优良品种和先进的种植技术，从而不断推动农业内部结构、产品结构、品种结构、品质结构，以及产品上市时间结构的优化；④中国农业产业结构的变化，在相当程度上要受粮食生产水平的制约，而粮食生产水平的提高，最终也要取决于农业科学技术水平的提高。

引进先进技术是农业引资的重点之一。中国农业科技与世界先进水平还有15～20年的差距。外商直接投资于农业，在引进资本的同时必然会带来先进农业生产技术，并通过示范和扩散效应使中国农业部门的生产技术水平普遍地得到提高。改革开放以来，外商投资引进先进农业生产技术主要有以下几个方面：一是引进粮、棉、油、蔬菜、水果、牧草、牲畜、家禽、鱼苗等优良种子、苗木品种，以及种子加工技术；二是引进先进的种植技术，主要包括地膜覆盖栽培技术、水稻旱育稀植栽培技术、温室种植技术、无土栽培技术等；三是引进了小体积高密度箱网养鱼技术、海水养殖技术、机械化饲养家禽技术、全价饲料配方技术；四是农副产品的深加工，玉米深加工系列产品，乳制品系列产品，婴儿食品、保健食品的开发、畜产品的屠宰加工技术，精炼油技术、蔬菜水果速冻保鲜技术等。这些先进农业生产技术的引进，为中国农业生产注入新的活力，加快了科技兴农的步伐，产生了显著的社会经济效益。

农业大量吸收了国外先进技术和管理经验。进口的先进机器设备，将国外的先进技术带到国内，促进了国内的技术更新和产业产品升级。

四、外商投资有利于推动外向型经济的发展

外商投资农业中的许多项目是面向国内、国际市场，外商为得到较高的投资回报率，不仅要带来资金和技术，而且积极开拓国外市场，为中国农产品进入国际市场创造了有利的条件。随着外商投资企业的逐渐增多，农业外商投资企业出口创汇已在中国农产品出口创汇中占有重要地位。

通过积极引进外资，兴办农业创汇项目，各地开发了一大批出口拳头产品，大幅度提高了农产品的附加值，增强了出口创汇能力，改变了传统农业生产格局，逐步向现代化农业生产迈进。①外向型农业迅速发展。中国是农业大国，长期以来，人们习惯于传统经济体制下的封闭式生产模式，陶醉于落后的生产方式。②农产品商品化程度提高，各地充分发挥资源优势，积极引进外资发展出口创汇项目。例如，四川南方食品有限公司是一家生产盐渍蔬菜出口的中外合资企业。2001 年以来，引导农民生产出口创汇农产品，使农民增收4 倍以上，为四川农产品走出国门探索了新路。该公司始建于 1989 年，总投资 1200 万元，职工 300 多人。引进日本先进的小包装蔬菜生产线，产品年出口创汇 250 万美元，已成为初具规模的集生产、加工、出口为一体的农、工、贸相结合的生产盐渍蔬菜原料、调味蔬菜食品的外贸企业。为了开拓日本市场，寻求稳定的合作伙伴，该公司先后与香港万总贸易公司合资成立了四川万成食品有限公司，和日本七大商社之一的日棉株式会社共同投资组建了四川南方食品有限公司。引进了国外先进技术设备和管理经验，生产出高附加值的产品，为国家换来了大量的外汇。在广东、福建等地利用外资发展创汇农业，还建设了一批农产品出口基地。③利用外资以来，农村工业比重上升，外资成为农村工业发展的一大动力。尤其是在沿海一带，外资在改善生态环境等方面都发挥了重要作用。

五、外商投资有利于增加农民的收入，吸收剩余劳动力

外商投资农业项目与农民的生产活动是紧密相连的，所以，一个项目的建

立，就是为农民开辟一条致富门路。且通过“示范”效应，往往带动周围一大批农民脱贫致富。例如，建立在山东聊城的中外合资企业——嘉明实业有限公司，主要从事肉食鸡的饲养、加工，该公司在当地吸纳农村就业人口2000多人，并在其带动下发展了年饲养5000只以上养鸡专业户3000多户。外资引入农业后，一方面通过资本存量扩大来加强农业部门的劳动力就业；另一方面由于外资引入通过关联效应诱发许多新的投资机会，这也会扩大其他非农业部门对农业剩余劳动力的需求。农业劳动力充分就业既直接增加了社会福利，又减轻了人口负担对农业形成的压力，促进了农业发展。外资引入农业部门所带来的先进技术与中国农村劳动力结合，会刺激劳动力素质的提高；这是人力资本投资过程，会提高农业生产能力，为农业进一步增长奠定基础。这种就业和人力资本效益是外资推动农业增长的又一重要形式。

六、外商投资有助于改善生态环境，促进农业可持续发展

20世纪90年代以来，世界银行贷款重点转向了农业环境保护和地区扶贫项目；亚洲开发银行对中国农业的贷款构成中，农业环境保护项目份额接近50%，而且有继续上升的趋势。在2001年亚洲开发银行对中国农业的贷款中，其中的3个属于农业环境保护项目，它们分别是“农业废物的有效利用”、“黄河治理项目”、“松花江治理及环境保护项目”（秦富等，2002）。

外资项目的实施改善了项目区农业生产条件和农村基础设施。有些林业项目则直接增加了森林覆盖率，减少了水土流失，改善了农业生态环境。同时，有效地推动了外资项目地区农业资源的合理开发利用、生产结构的优化调整，以及生态环境的改善，保证了农业的持续发展。

第六章

WTO 与中国农业利用外资政策

中国加入 WTO 已带来新一轮利用外资的热潮。目前农业和制造业已经基本上对外资开放，基础设施和服务业也进一步开放了。中国农业资源多样化，农村劳动力丰富且人工成本十分低廉，种植业、畜牧业、林业和渔业开发潜力都很大。目前，农业利用外资还很少，随着农业产业化经营的发展，有望较大规模地吸收外资。加入 WTO 后外商投资的法制和政策大为改善，透明度和可预见性提高，行政审批事项大幅度减少，国内统一市场已经形成，大大降低了外资进入的交易成本和体制风险。外商投资企业获得了更充分的经营自主权，绝大多数投资领域已取消或放宽股份比例限制，并取消国产化比例和出口比例的要求，政府基本上不再干预外商与国内企业合资、合作的技术转让内容。所有这些，都进一步增强了中国农业对外资的吸引力。目前，中国政治、社会稳定，国内市场广阔，经济正处于快速成长阶段，加上加入 WTO 所带来的投资“软环境”改善，中国利用外资正进入一个新的快速增长期。

第一节　加入 WTO 对中国外资政策的影响

WTO 加快了经济全球化的进程，国际资本流动是经济全球化进程中的重要现象。20 世纪 90 年代以来，流入发展中国家的国际资本增长速度更快，国际资本流动对发展中国家经济发展的益处显而易见：弥补资金不足、引进先进技术和管理经验、培训人才、促进对外贸易、增加就业、刺激经济增长等。成为 WTO

的成员之后，中国利用外资的政策必须进一步调整，使之符合 WTO 中有关协议的要求。

为了保护各缔约国跨国投资者的合法权益，WTO 的前身——关税及贸易总协定在 1994 年结束的乌拉圭回合多边贸易谈判中达成了 4 项与建立全球投资机制有关的协议，分别是《与贸易有关的投资措施协议》、《与贸易有关的知识产权协定》、《服务贸易总协定》和《补贴与反补贴协议》。这些协议就构成了加入 WTO 对中国外资政策影响的基本依据。

一、《服务贸易总协定》

在《服务贸易总协定》中，最惠国待遇原则要求各成员方给予任何一个成员的服务和服务提供者的待遇都应立即无条件地、平等地给予其他成员的服务和服务提供者。国民待遇原则要求给予任何其他成员方的服务和服务提供者的待遇不得低于本国的待遇。透明度原则要求成员方及时公布有关的法律、法规和行政规定。该协定列明了各成员方应该在其承诺减让表中明确规定市场准入限制的具体形式，即对服务和服务贸易提供者的数量、总额、雇佣人数、企业形式、外资比例等方面的限制。

二、《补贴与反补贴协议》

《补贴与反补贴协议》，改善了有关补贴的多边法律体制，在一定程度上讲，该协议对除服务业外的其他产业的国际直接投资产生影响。该协议将补贴分为三类，第一类“禁止使用的补贴”，第二类“可诉讼的补贴”，第三类“不可诉讼的补贴”，包括普遍实施的补贴、对研究与开发的补贴、对环境保护、落后地区经济发展的特殊补贴。

三、《与贸易有关的知识产权协定》

《与贸易有关的知识产权协定》涉及影响国际直接投资的法律环境内容，即知识产权的保护问题。与以往有关知识产权方面的国际协定相比，这个协定保护

外资企业的生存资格，实行与国际通行惯例一致的引资政策，有效提高引资质量，从而形成内外资企业相互促进、不断推动企业素质提高和经济增长质量提高的良性循环。

（三）有利于拓展多种有效的引资方式，扩大引资规模

目前中国对不同地区实行不同的优惠政策，发达的沿海地区享受较优惠的外资政策，中国内地地区享受的优惠却比较少。这不仅会引起外商不满，而且这种优惠政策的多层次性，使外资政策复杂化，外商不易理解和把握中国的投资环境，客观上造成外商投资决策的拖延，使一些追求长期发展、看好中国内地市场或以适用技术见长的外商因此止步不前。从企业组织形式看，外资企业大多为有限责任公司，规范的股份有限公司形式因国家限制尚未出现，这与国际资本市场证券化的发展趋势是不相吻合的。其障碍除体制、经验、法制等因素外，优惠政策也是重要原因，优惠政策意味着国家向外商让利、企业享受某些特殊权益，对中国开辟、拓展通过证券市场吸收外商直接投资的新途径十分有利。

（四）有利于吸引大型跨国公司来华投资

跨国公司是当今世界技术创新和传播的主要载体，拥有现代最先进的经营管理经验，科学的适应社会化大生产要求的跨行业、跨地域、跨国界的企业组织形式和经营网络。中国利用外资要上档次，吸引大型跨国公司来华投资是必然选择。优惠条件给中小资本提供了存活和发展的空间，但它偏离了我们吸引大型跨国公司投资的预定目标。以税收减免为例，大型跨国公司并不在意一次性税收减免待遇，它更注重良好的投资环境和完备的生产经营条件。而对像美国这样的实行税收抵免制的国家投资者来说，所减免的税额还不能流入公司，而是流入跨国公司的母国政府，这样各地免税给优惠，不但没有增加对大型跨国公司的吸引力，还增加了引资成本。取消优惠政策，实行国民待遇，对源自不同国家和地区的投资平等对待，对所有内外资企业平等对待，以良好的投资环境吸引外资，显然会增强大型跨国公司来华投资的吸引力。

三、加入 WTO 前中国利用外资的国民待遇实施情况

（一）加入 WTO 前中国在外资政策上的超国民待遇（优惠待遇）

1. “三资”企业有自主经营权

“三资”企业充分享受投资决策权、进出口权、机构设置权、中层干部任免权、职工辞退权等自主经营权。而国有企业的许多项权力没有落实。内资企业承担了很多社会义务，富余人员相对较多，技改任务重，而“三资”企业则不存在此类问题。

2. “三资”企业享有高度的税收优惠

差别主要在进口环节增值税减免政策、出口退税政策和税制改革的过渡措施上。在企业所得税方面，内资企业的税赋适用33%、18%、27%三个税率，外商投资企业适用30%、15%、24%三个税率。而外商投资企业享有“一免两减”、“两免三减”、“五免五减”，以及“再投资退税”和“预提所得税减免”等优惠政策。在其他税种上也有不同程度的优惠。

3. 对外资企业在外汇管理上的优惠

1994年以前，允许“三资”企业持有现汇，对内资企业则实行外汇留成的额度管理。1994年以后对内资企业实行结汇售汇制，不能持有外汇余额，而“三资”企业则可以保留现汇账户。外资企业较内资企业有较大的优惠，主要表现为外资企业可以全部持有其外汇而不必卖给中国银行，而国内出口创汇企业则需要承担外汇上交义务；在用汇方面，外资企业可以直接向外汇银行予以借贷，而内资企业则受到国家信贷指标的严格限制。

（二）加入 WTO 前中国在外资政策上的次国民待遇

1. 实行外资进入限制

主要表现在限制外资投向，对外国投资实行审批制，限制外资的投资期、投资规模、出资比例、持股比例，限制产品内销，限制经营权，对国内可供原料和

设备实行进口限制等方面。

2. 在法律透明度和竞争方面对外资有一定的歧视

例如，中国仍然存在许多内部规定，外商无法和内资企业一样了解其内容，另外，内资企业的产品可以纳入铁路运输计划，在原材料、能源供应上享受较低的调拨价。在获取贷款方面也比“三资”企业优越。

3. 当地成分要求

指东道国要求外资企业购买一定数量的当地产品作为生产投入。中国的外资政策中当地成分要求很多，如《合资法》第九条规定：合资企业所需原料、燃料、套配件应尽量先在中国购买；审批机关也往往将当地成分要求作为项目批审或享受优惠的条件。这是应予禁止的投资措施。

4. 贸易平衡要求

指东道国要求外资企业为直接投资出口所用的外汇不得超过该企业出口额的一定百分比。中国一般要求外商投资企业保持外汇收支平衡，并将此作为一项审批条件，如《外企法》第五十六条规定“外资企业应当自行解决外汇收支平衡”。

5. 出口实绩要求

指东道国要求外资企业将其生产的一定比例的产品出口国际市场，它不属于应禁止的范围，只在具体个案处理时才有意义。例如，《合资法》第九条规定“鼓励合营企业向中国境外销售产品”。

6. 当地股权要求

指东道国要求外资企业中一定的股权必须由当地投资控制或掌握，或对外国投资者拥有的股份设立最高额。中国法律中，没有规定外资股份的最高限额，但对外商投资领域有较多限制，尤其是服务领域。

7. 进口替代要求

指东道国政府要求外商投资者必须符合其进口替代发展战略的要求。中国外资法对外商投资企业的产品规定了“以产顶进”的要求。例如，1987 年《关于中外合资，合作经营企业产品以产顶进办法》第 8 条第 2、3 款规定：“凡经批准

实行以产顶进的产品，国内用户在同等条件下，应优先选用。各级进口管理部门和进口审查部门，对合作、合资企业已能生产并符合以产顶进条件的产品，应指导和鼓励国内用户优先采购。”1987 年《中外合资合作经营企业机电产品以产顶进管理办法》第 5 条亦有类似的规定。

8. 国内销售要求

指东道国政府要求外国投资者必须将其一定数量的产品以低于国际市场价格的价格在东道国内销售。中国外资法也对外商投资企业产品规定了国内销售要求。例如，《中外合资经营企业法实施条例》第14 条第7 款规定，合资企业合同应写明原材料购买和产品销售方式，产品在中国境内和境外销售的比例。该《条例》第 6 条进一步规定：“合营企业生产的产品，属于中国急需进口的，可以中国国内市场销售为主。”

四、“超国民待遇”与“次国民待遇”对中国的消极影响

中国实行上述的利用外资政策，目的是为了引进外资和外国先进的科学技术，加快中国现代化建设的进程，同时尽可能减少引入的外资对民族工业的冲击，保护国内企业的发展。但随着中国对外开放的不断深入，市场经济体制的逐步建立，经济全球化进程的加快，中国现行的外资政策正逐渐暴露出较多的弊端。

（一）造成国内企业与外资企业的不公平竞争

因超国民待遇奠定了外资企业在中国市场中的垄断地位，使不少内资企业被迫退出原有生产领域或降低市场份额，一些国产名牌消失，取而代之的是外国名牌或合资企业的新名牌，一些科技含量较高的产业、中国新兴产业、有优势的传统产业表现尤为突出。例如，在程控交换机行业，7 家合资企业的产量已超过1000 万线，占全部程控交换机产量的 70%。

（二）加剧了中国中西部地区与东部地区经济差距

改革开放以来，外资优惠政策主要是由经济特区、沿海经济开放城市享受。

这使投资环境本来就优于中西部地区的东部地区好上加好，不但较为有效地吸引了外资，而且还诱发了中西部地区本来就稀缺的资本和人才流向东部沿海地区，结果进一步加大了中国东部与中西部地区的经济差距。

（三）导致假合资、假扩资难以泯灭，经济损失巨大

由于在税收方面给予外资企业以优惠，一些外商与国内企业相互勾结，采用假合资或投资高估或资金不到位等手段钻政策的空子，偷逃和规避税费，骗取财富，损害国家经济利益。

（四）一刀切的优惠政策不能发挥产业诱导的作用

由于税收优惠政策不分产业，因而在利益的驱动下，外资较大比重地投向资金少、见效快的加工工业（其中又主要是劳动密集型产业），投资地区偏重于沿海。其结果是不但加大了中国加工工业的竞争，同时也扩大了中国东部与中西部经济发展的差距。

“次国民待遇”往往又抵消了“超国民待遇”对外商投资的吸引力。这是因为“次国民待遇”与外商直接投资的动机相违背。外商之所以对外直接投资，其主要追求的利益有三个方面：①为了维护与扩大产品在国际市场上的销售规模和垄断优势；②为了获取更为价廉质优而且充裕的生产要素的供给，来保证生产持续进行；③追求在全球范围内形成跨国企业竞争战略优势。这种竞争战略优势主要包括技术开发和资源优势互补，更多地获取与经济有关的信息，维护技术垄断地位与防止技术泄密，资源配置优势，促进国内产业升级和转移对环境损害的污染产业。

显然，中国的“次国民待遇”的种种表现恰恰与外商对外直接投资的直接动机背道而驰，它将抵消“超国民待遇”所产生的对外商直接投资的吸引力。外商必然会改变投资流向，或抽逃资金，给中国利用外资带来不利影响。中国若仅仅依靠政府增加优惠（指各国攀比税收优惠政策）而不从其他方面（主要指政府办理效率与过分严格的政策，有关次国民待遇）抓紧工作改进，则将会削弱

外商对中国的直接投资。

优惠政策不能取代限制政策。如果某些外资限制政策用过头，则必然会引起外商的抱怨，即使采用更多的优惠政策，也不能消除外商对“不良限制”的不满。同样，运用优惠政策往往以放弃本国利益为代价，也不会因限制的减少或取消，而使其优惠政策付出的代价减少。外资优惠政策的扭曲性更主要地表现在以往我们过度地依赖优惠待遇，而忽视其他软环境的改善，忽视外商经营限制政策的负面效应。

第四节　加入 WTO 后中国农业利用外资政策调整

一、市场化改革是取消外资优惠政策的基本前提

公平竞争是市场经济的核心，也是中国建立市场经济体制的基本原则。国民待遇是国际惯例，中国加入 WTO 也作了承诺，应该实实在在地落实。对外资实行国民待遇是一项复杂的系统工程，牵涉到中国国内改革的方方面面。因此，我们必须从国家的长远利益出发，审时度势，谨慎从事。实施国民待遇并不意味着完全取消优惠。在国际资本市场竞争日趋激烈的今天，完全取消优惠待遇将使中国在国际资本竞争中处于不利地位，因为很多发展中国家竞相以优惠政策吸引外国投资。客观上，目前中国的市场经济体制尚不完善，基础设施尚不完备，科技、经济和生产力发展还处于相对较低的水平，这些都需要用优惠政策来加以弥补。问题的关键在于掌握对外商投资的“优惠”与“限制”的度，充分挖掘利用外资的积极作用。现行的外资优惠政策存在的前提是投资环境不完善，资源市场化配置程度低，或者行政介入导致的资源配置扭曲和公平竞争基础的破坏。至今为止，我们对不同所有制企业仍然有不同待遇，如在贷款规模、贷款条件等方面，国有企业、乡镇企业、民营企业和外商投资企业，仍存在差别待遇。这种情况下取消对外资的鼓励措施，并不能形成公平竞争，反而会从原来的相对公平变为绝对的不公平。

对外资的优惠政策，是中国制度性市场竞争不公平的结果，而非造成市场竞

争不公平的原因。由于外商投资是天然的市场经济产物，其大量进入，对中国的市场经济体制建设，修补不公平竞争的制度性缺陷，只有好处，没有坏处。多年吸收外资的实践已经充分证明了这一点。外商投资对于制度创新、人力资源开发的促进，以及它所产生的“溢出效应”，更是不可替代的，对中国这样一个正处于转轨阶段的发展中国家来说，具有极为重要的意义。

总之，外商投资所起的作用，以及中国目前的投资环境状况决定了对外商投资应继续实行必要的优惠措施，甚至还要配合国家宏观经济目标加大优惠政策力度。当然要同时考虑内外资的平等待遇问题，如税收法方面应该是下调国内企业所得税，以同外商投资企业拉平。政策设计的基本思路也应该是先进行市场化改革以建立公平竞争基础。尽快取消对外商投资的歧视待遇，然后再考虑取消对外资的优惠政策。否则，外商投资水平可能进一步下降，不但不能通过扩大开放促进公平竞争，反而会推迟市场化改革进程，对国民经济发展战略目标的实现产生极为不利的影响。

二、加入 WTO 后中国农业利用外资的政策选择

由于农业本身属于经济效益比较低且受制于自然条件的特殊产业，投资风险相对较大，资金回收期长，产品储运和销售的要求也较高，这都不利用农业利用外资。具体到中国而言，一方面中国农业生产的相对条件较差，水旱灾害频繁，而抵御自然灾害的基础设施又严重不足，大部分地区农业技术落后，机械化程度低，农业生产基本上还停留在以人畜力操作为基础的传统农业阶段，农业产业链条的各个环节缺乏有机衔接；另一方面，中国农民文化科技素质普遍低，农业科技人才待遇低，流失严重，使农业吸收外商投资缺乏良好的人才基础。农业产业的特殊性和中国农业投资环境的特殊性，决定了国家必须采取必要的措施，才能鼓励、吸引更多的外商投资。这是因为外资不是扶贫基金，外商在决定其投资的地区和产业选择时，总是希望以尽可能低的风险获得尽可能高的回报。农业的高风险决定其必须以高回报作为补偿才能对外资具有足够的吸引力。而目前中国对外商投资农业项目的鼓励措施仅体现在：农业生产者销售的农产品免征增值税；

农业机耕、排灌、病虫害防治、植保、农牧保险，以及相关技术培训业务、家禽、牲畜、水生动物配种和疾病防治项目免征营业税；从事种植业、林业、牧业的外商投资企业所得税在减免期后10年内可减征15%～30%。这些税收优惠同时针对其他行业，对外商的吸引力并不大，而与此同时，外商投资农业项目在生产资料供应、产品出口、银行贷款、土地使用权审批权限、土地使用费标准等方面受到的限制还比较多。因此，中国在对外资逐步实行国民待遇原则的改革过程中，还应该根据农业的特殊性，在以下方面继续采取一些优惠政策。

1. 继续给以税收优惠

近年来中国进行税收改革，原则上取消了优惠，但对不同产业应有所区别。如上所述，农业项目投资回收期长，投资风险大，没有相当的税收优惠难以吸引投资者。而且，从经济发展和工业化的阶段看，加强对农业的扶植也正在提上议事日程，不应指望从农业方面得到太多的税收。

2. 扩大地方政府对外商投资的土地使用权审批权限

中国土地管理法规定，“国家建设征用耕地1000亩以上，其他土地2000亩以上的，由国务院批准”，没有根据用地的性质不同而有所区别。由于农业特别是种植业项目对于土地的特殊依赖性，如果按照这一标准进行审批，既增加国务院有关部门的工作负担，又会在客观上妨碍一些大型外商投资项目进入农业特别是种植业。鉴于这类项目并未改变土地的基本用途，建议对此种用地的审批权限予以适当放宽。

3. 降低外商投资的土地使用费标准

农业项目单位面积的产值和利润绝对无法与工业相比，同一标准无疑会对农业投资造成事实上的歧视。国家对此类项目的土地使用费应另行制定标准，并且考虑开发条件等各种因素的差异而规定一个浮动幅度，以便地方政府在具体操作中能够根据实际情况灵活掌握。

4. 改革农产品流通体制，允许自产农产品出口

目前，中国农产品流通体制仍然没有完全理顺，很多农产品在进出口中还是由专业外贸公司垄断。在这种农产品外贸体制下，外商投资农业项目特别是投资

种植业项目就不能拥有自行处理其产品的自由，妨碍了这类项目所产农产品的市场价值的实现。与工业“三资企业”可以自营进出口的做法相比，农业外商投资项目事实上受到不平等待遇，这与中国历来把农业作为引进外资的重点产业的出发点是相悖的。

5. 引导外商直接投资农业的产业分布

如前所述，外商投资一般以农产品初级加工为主，高科技含量、高新技术、精深加工少，对相关农业产业的带动作用比较小。因此，要进一步发挥农业引进外商直接投资对调整和优化产业结构特别是农业内部结构中的积极作用，消除外资进入对中国经济发展和产业结构升级特别是对国家经济安全可能会产生的消极影响，就必须根据中国产业政策的要求，进一步明确农业利用外商投资的产业分布。

为了引导外商投资，使其投向的产业分布更趋合理，中国在“十二五”计划、《指导外商投资方向暂行规定》和《外商投资指导目录》等有关文件中，对外商投资的产业分布作出具体的指导。根据上述文件，今后中国农业利用外商投资的重点是种植业、养殖业和农副产品加工业。

了发展中国家经济实力弱、偿还力不足，以及农业项目周期长、见效慢等缺陷，因而备受发展中国家的欢迎。商业贷款则取决于发展中国家经济情况，以及国际金融市场的供求，另外，商业贷款利息率高，期限短，大多数投入到制造业和社会基础建设，投入农业的份额极少。

世界银行早期农业贷款主要集中在农业灌溉和其他水利设施建设。到20世纪90年代初，已经拓展到了农业部门、林业、畜牧业、渔业、灌溉与排涝、多年生作物等10个项目。

3. 外商直接投资

目前，外商直接投资成为全球资本市场上最为活跃的一部分，它是发达国家资本、技术与发展中国家劳动力、资源、市场优势相互吸引、结合产物。其附加条件少，也无需承贷国和地区承担全部风险。同时，外商直接投资往往是多种生产经营要素的载体，一般直接投资的流入与农业生产、加工、储蓄、包装、销售等环节的先进技术、设备、材料和管理方式的引进相伴，这更加有利于受资国和地区的农业经济的发展。外商直接投资的方式多种多样，合资、独资、合作、国际租赁、BOT经营等，尤其是进入90年代，跨国兼并与收购成为直接投资的热点。对发展中国家的直接投资主要集中在巴西、墨西哥、菲律宾、马来西亚等少数收入水平比较高的国家。

二、国外农业利用外资的特点

1. 范围越来越广，领域越来越宽

早期，农业外资尤其是农业援助都是粮食和食品，到20世纪90年代初，利用外资的农业项目已经涉及种植业、林业、渔业、畜牧业、土地、农产品加工业等诸多子项目。同时，在农业市场化、国际化趋势日益明显的情况下，各国和地区纷纷把农业产前、产中和产后的大部分领域对外开放，允许外资，尤其是外商直接投资进入农业生产经营的相关行业。随着农业利用外资范围的扩大和投资领域的拓宽，传统农业正逐步向现代农业过渡。

2. 外资来源渠道趋向多元化

努力实现外资来源渠道的多元化是多数国家外资利用的基本战略。一般外资的来源以官方融资为主，官方农业融资主要靠政府和其代理机构融通外资。其中以世界银行、联合国粮食和农业组织、联合国粮食计划署等为代表的国际多边组织，一直是发展中国家官方农业融资的主渠道。

近些年来，农业利用外资的另一条主要渠道是通过双边协议来筹集各类农业外资。究其原因，一是双边合作的机会不断增加，二是一些发展中国家和地区，尤其是经济起飞较早的发展中国家和地区，近几年也在积极拓展经济发展空间，他们中的一些大型跨国公司也纷纷对外投资，这就为经济相对落后的国家和地区的农业找到了引资的渠道。

这样，既利用发达国家或地区的资本，又利用发展中国家和地区的资本，就成为目前国外农业利用外资的一个显著特征。

3. 政策越来越优惠、规范

为了吸引更多的外资，许多国家都制定了优惠的政策，如菲律宾在 1992 年颁布的优先投资计划，规定与粮食有关的农业、林业为优先发展行业，此类企业称为先锋企业。先锋企业可以拥有企业的全额股份；新建先锋企业可免交 6 年收入税等。

同时，各国和地区都在努力使其外资政策更加公开、透明、详细，使外资政策系统化、法制化，以规范外资引进与使用行为，保护外商投资者的合法权益。

4. 外资引进、人才引进和技术引进密切结合

世界上许多国家和地区（包括发达国家和发展中国家）为了加快农业发展，在大量引进外资的同时，还十分重视技术和人才的引进，重视用世界先进技术改造传统农业，促进本国和本地区农业科技水平的提高。

事实上，在全球人才流动大潮中，发达国家的人才吸引政策最为优惠，发达国家是人才流动的最大受益者。发展中国家包括农业在内的专业人才每年大约有 10 万人流失，其中大多数都到了发达国家，尤其是美国。

第三节　国外农业利用外资政策的措施、效果、经验和教训

一、不同国家农业利用外资政策的主要措施

韩国：韩国几十年来主要依靠大规模借外债来进行建设。然而，长期以来，韩国对跨国公司限制最严，对技术转移、当地化比率、出口要求、股权形式、资本收益与汇回等均有限制性规定。

印度：印度一直都在积极争取国外资金发展农业，20 世纪 80 年代印度一直都是世界银行贷款最多的国家。此外，国际农业发展基金和美国、加拿大、日本等西方国家对印度的农业援助和贷款也比较多。然而，基于对殖民主义的担心，印度对外商直接投资则采取了防护型限制措施。虽然印度政府几次实行开放政策，放宽了对外商直接投资的限制，但与其他国家相比，印度对外商直接投资的限制仍很严格。

泰国：在发展中国家中，泰国农业利用外商直接投资最为典型。早在 60 年代初期，泰国就拟定了以吸引外商直接投资为主、利用国外贷款为辅的外资政策。对投资于政府鼓励发展的行业的外资企业，自营业日起免征法人税和红利税 5～8 年，免征公司税 3～8 年。经投资促进委员会同意，可免交专利和技术费用的预扣税等 5 年。

新加坡：新加坡长期奉行外资主导的战略，整个国民经济的发展吸收了大量外商直接投资，并使其在主要的制造业部门起先导作用。此外，政府重视基础设施建设和人力资本投资，在出口部门，甚至出现了由外资支配的局面。

日本：日本利用外资的过程是按步骤、分阶段进行的。日本以外债为主要的利用外资方式，外商直接投资额很小。日本引进外商直接投资主要是为了取得外商的商标和技术，极少出于资金不足。

巴西：巴西采取了积极利用外资的态度和政策，其利用外资的战略目标是获得资金和先进技术，并不强调出口创汇。巴西是发展中国家吸收外商直接投资最多的国家之一。

二、不同国家农业利用外资政策的不同效果

从总体上讲，外资的引进有助于发展中国家和地区弥补“外汇缺口”和“储蓄缺口”，促进包括农业在内的整个经济的增长；有助于受资国和地区增加资本、经营能力和技术知识等经营资源，提高包括农业在内的经济实力；有助于广大农村开发各种潜在生产资源，促进农业结构调整和农村产业升级，增加农民收入，减少农村贫困人口数量。例如，外国资本为巴西关键部门的发展提供了技术和大部分资金，且在竞争与合资中，把先进技术和管理扩散至整个经济中；新加坡通过利用外资促进了国民经济的总体发展与繁荣，在政府引导下，外商直接投资有助于产业结构合理化、产品技术升级换代。用外国资本使得民族企业数量增加，资本扩大，技术水平提高；印度农业外资中的援助和贷款主要被用在化肥与水利灌溉工程上，改善了农业生产条件，极大地提高了印度农业生产能力；泰国农业利用外资的效果也十分明显，大量的外资涌入改善了泰国农业生产条件，促进了传统农业技术的改造，促进了泰国稻谷单一种植结构的改变和以菠萝饲料为主的农产品加工业的发展，缓解了农村贫困。

农业利用外资是一项复杂的系统工程。涉及经济、社会、生态、文化、价值观念等多个方面，如果在利用外资的过程中，忽略了农业利用外资的这种综合性与复杂性，就会产生一些不好的效果，以巴西和印度尼西亚为例。

巴西在开发亚马逊河流域农业资源时，曾经大量利用世界银行贷款，有组织地进行了大规模的移民。虽然农业生产一时得到较大发展，一部分贫困人口摆脱了贫困，但是，由于忽略了生态平衡，忽略了人与环境、自然和经济发展之间的协调关系，结果造成了较为严重的环保问题，经济也由此产生了较大幅度的波动。

印度尼西亚农业利用外资总的成效也是比较大的，然而，由于印度尼西亚经济增长过分依赖外资，包括农业利用外资在内的整个印度尼西亚外资利用规模过大，超过了国际公认的外资利用警戒线，超过了自身经济的承受能力，结果在外部冲击下，整个经济遭受到了严重的打击，农业因此也受到了巨大损失。东盟其

他一些国家也有类似问题。从总体上看，这只是一种个别现象，或者说是一个国家或地区整个农业利用外资中的一小部分，但也应引起足够的重视。

三、国外农业利用外资的经验与教训

改革开放以来，中国农业利用外资发展迅速，外资对中国农业的发展起到了不可替代的作用。然而事物的发展总是一分为二的，看到外资的正效应，同时也要正视外资的副作用。借鉴其他发展中国家农业利用外资的经验教训，对中国正确吸引和利用外资，提高外资使用效率，防范外资风险有着十分重要的意义。在诸多发展中国家里，巴西和韩国最具代表性。这两个国家在利用外资促进本国经济发展过程中，既有被世人称为“巴西奇迹”和“东亚模式”的骄人成绩，也有着“债务危机”和“金融动荡”的深刻教训。

（一）巴西

巴西农业利用外资发展经济的成功经验有以几点。

1. 充分利用外资开发落后地区

巴西经济发展在区域分布上不平衡，北部亚马逊流域较为落后。为开发北部落后地区，巴西政府建立了自由贸易区，在自由贸易区内对外国投资者实行税收优惠政策，吸引了大量外资，促进了这一地区和周边地区农业经济的发展.

2. 利用外资促进农业科技进步

为保证利用外资时技术的转让，巴西先后制定了一系列的法令、法规。这些法规的实施，使巴西在利用外资的同时，也获得了先进的技术，加快了技术进步的步伐。

在利用外资取得经验的同时，巴西农业利用外资也有一些教训：一是外资的参与使包括农业在内的许多行业受外资控制程度高。外资企业凭借其拥有的先进技术和雄厚资本，同巴西国内企业展开竞争，使许多巴西国内企业被排挤和吞并，甚至被外资所垄断，给未来巴西经济的独立发展形成了一定隐患。二是外债负担沉重，严重影响经济发展。三是外资来源结构相对不合理。在巴西的外资

中，美国资金占绝对多数，尽管来自欧盟的资金逐步增加，但美资的地位仍不可动摇，使得巴西经济与美国经济联系密切，一旦美国经济滑坡，巴西经济必受影响。

（二）韩国

韩国利用外资产生的积极效应：一是促进提高经济增长率，在经济高速增长的同时，农业也得到快速发展。韩国经济在前两个五年经济发展计划期间，经济力量薄弱，发展经济所需资金国内无法满足，资金缺口巨大，巨大的缺口通过外资引进得以弥补。二是利用外资扩充基础设施，对农业和其他产业经济的发展创造了有利条件。三是利用外资引进技术，促进农业产业结构合理化、高级化。

韩国利用外资带来的负效应：一是经济对外依存度高。借款的多样性，加剧了金融上的从属性，导致韩国从各方面依赖外国政府、国际金融机构和外商。二是加剧了通货膨胀，这也是韩国经济陷入恶性循环的重要表现。三是加剧了国民经济发展的不平衡性，表现为工农业之间出现不平衡、重化工业和轻工业之间出现不平衡。四是诱导和加剧了韩国的金融危机。庞大的外债，尤其是巨额的短期外债，加上长期债款和外商直接投资，构成了巨大的潜在压力。

四、对中国农业利用外资的借鉴与启示

外资作为国际资本的一部分，其资本数量和变化只是整个世界政治、社会、经济发展变化的一个折射。而发展中国家在农业利用外资上不是单纯地由其主观需求决定，它受经济发展水平、农业吸收外资的环境，以及援助机构与投资者意向等多方面因素的影响。

面对中国国内的有效需求不足，在战略上我们应高度重视利用外资补缺的有效性，将利用外资与刺激国内有效需求紧密结合起来，通过深化体制方面的综合改革，扩大外资在中国市场的份额，增加外资流入中国市场的有效途径，以实现中国经济的稳定增长。具体到农业利用外资，笔者认为今后中国农业引资应朝着如下几个方面努力。

（一）加强立法建设，完善法律体系

利用外资效果较好的发展中国家都有比较详细的外国投资法，包括鼓励或限制外国投资的法律法规，对外资的管理办法，以及与外资有关的配套法规等。这些法律制度使外国投资者对本国的投资软环境有比较明确的了解，并对投资充满信心。因此，中国应不断完善利用外资的法律法规，使之符合 WTO 的要求。

（二）最大限度地提高农业利用外资的效率

1. 取之有利、有节、有度

取之有利主要是从利用外资的形式、手段和成本方面而言的，借鉴韩国、巴西的经验、教训，比较各种利用外资的方式，选择适合中国经济发展的有效形式。

取之有节、有度，是指利用外资并非多多益善，应当有节制。有一定的规模界限，应控制在中国国力的承受范围之内。举借外债规模太大，会形成一定的偿还外债压力。利用外商直接投资过多，也会造成中国国民经济部门依附于外资的被动局面，两者均不利于中国经济的长久平稳发展。韩国、巴西之镜可为我借鉴。

2. 用之有序、科学合理

农业利用外资要根据国家经济发展的宏观规划有序进行。

首先，农业利用外资的投向要有序。目前应改变过去过多投资于沿海地区的做法，今后投资重点地区应逐渐转向农业不发达的中西部和“老少边穷”地区。20 世纪 70 年代，巴西利用世界银行贷款开发亚马逊河流域、利用日本直接投资开发稀树草原等措施均取得了良好的效果，改变了这些地区落后的局面。而中国广大的中西部地区与巴西有很多类似之处，在吸引外资的优惠政策上，给予中西部和“老少边穷”地区一定的倾斜，积极鼓励外资投入到这些地区的农业上，以逐步缩小东西部农业的差距。

其次，今后中国农业应确定多元化的外资结构，多方面利用各种渠道的国外资金。从发展中国家经济发展水平、农业发展现状、农业投资的特点，以及国际

资本流动的趋势来看，今后发展中国家农业利用外资的主要来源仍将是官方融资。与此同时，发展中国家都在努力实现外资来源的多元化，尽可能向各发达国家和资金比较充裕的发展中国家借款，以摆脱一个或几个发达国家控制其经济命脉的局面，农业引资上更应如此，因为农业是发展中国家经济的基础。中国是农业大国，农业发展更需要外资。

（三）农业利用外资应与国家的产业政策一致

韩国渔业的发展在很大程度上来源于外资的贡献。泰国、马来西亚积极利用外资发展外向型农业，利用本国得天独厚的地理优势发展热带农作物的种植和加工，扩大出口创汇，开发与农业有关的观光旅游业，并给予相应的优惠政策。热带农作物的出口为泰国和马来西亚两国经济发展提供了资金积累，创汇农业已成为两国重要的经济产业。此外，农业基础设施建设也是许多国家农业利用外资重点鼓励的部门。综上分析，中国农业利用外资的总体原则应是积极利用外资发展本国农业，同时强调要以自力更生为主；在积极扶植本国农业的基础上逐步开放相关领域，主要是已有竞争力的领域。

（四）在自力更生的基础上利用外资

很多发展中国家主动地利用外用国际金融组织的贷款和无偿援助，通过以工代赈的形式，开发农业资源，发展农业生产，增强自力更生的能力，改善生态环境，提高项目区的经济发展水平。

中国在西部大开发中，根据西部农业资源丰富的特点，应该大规模利用外资进行农业综合开发。借助国际金融组织的贷款集中人、财、物进行农业开发，同时，政府应该向相关项目提供高比例的国内配套资金，确保开发项目的顺利实施。从根本上改变贫困地区恶劣条件。

（五）利用国外的风险投资，发展中国农业高科技产业

近几年来，中国高科技产业发展势头较为强劲，但对许多企业和个人来说，

资金仍是其创业和发展过程中遇到的最大困扰。目前中国资本积累总体上是较为充足的，但能够真正用于投资的资金却极为稀缺。与其他产业不同的是，农业高科技产业的发展在投资方面并不需要大量的固定资产投资，而是要以发达的风险投资为依托。现在中国的风险投资业还处于起步阶段，主要是各地政府为扶持科技人员创业，相继建立了一些科技风险基金或投资公司。由于财力所限，注入的资金量不大，一般多者几亿元、十几亿元，少者只有几千万元，远远不能满足产业发展的需要，至于民间的风险投资资金就更为稀少了。相比之下，许多发达国家的农业风险投资已经有了 10 多年较大的资金规模，其中不少早已看好中国市场，但中国目前还没有形成引进国外风险投资的具体政策，外国资本在中国建立风险投资基金的体制还不完善。在知识经济快速发展和经济全球化的大趋势下，如何调整思路，进一步开放中国的风险投资市场，将国外的一些风险投资引入中国农业，是农业利用外资方面的一个新课题。

国外风险投资进入中国农业，带来的不仅仅是资金，更重要的是可为高科技企业开拓更大的潜在发展空间。风险投资允许失败，但投资成功的企业往往由于具备这两种潜质，能够在风险投资的帮助下克服发展初期的种种障碍，迅速成长为大型跨国公司。因此，国外风险投资与其他外资一样，在带来资金的同时，又能成为中国农业高科技产业通向国际农产品市场和资本市场的重要桥梁。

国外风险投资的引进，还有利于即将建立的二板市场健康发展。发达国家的实践已经证明，二板市场与风险投资业的发展是相辅相成的，前者为后者提供一个获利后的退出机制，后者为前者孵化出上市企业。中国许多农业高科技民营中小企业都是白手起家的，由于得不到足够的资金支持，发展步伐和规模、质量都受到限制，这种情况将直接影响二板市场上市企业的质量，也使市场运行蕴藏一定的潜在风险。如果能有较多的风险投资对企业进行投资，并给予必要的培育，上市公司的总体质量和企业规模都会有所变化，市场的潜在风险也将降低。事实上二板市场在许多发达国家都已建立，但运行效果却有很大差别，其中没有较多风险投资的支持是一个重要原因。这些经验教训也提醒我们，在二板市场建立之初就应考虑对其形成重要支持的风险投资业的发展，尤其在国内资金相对不足的

时候，引进国外风险投资农业就显得十分迫切和重要。

（六）从实际情况出发，科学合理地设计项目内容

1987年农业部提出了更适合国情的“一业为主，全面发展，进行农业综合开发”的新立项原则。与以往单一项目相比，它有以下一些优点：能够在较小的空间范围内充分利用土地资源；创造更多的劳动就业机会（特别是促进妇女的就业），增加农民收入；便于项目执行单位均衡地安排资金和劳力，提高效率；利于把近期（如种植业、渔业）利益和中长期利益（如畜牧业、林业）更好地结合抵御风险；通过农林、农牧、渔牧等的相互结合，形成新的生态平衡，有利于保护农业环境；符合中国财政投资体制，把各项专业投入汇集起来，扩充资金力量。

（七）搞好工程质量监督和监测

为了能够充分发挥农业外资的积极作用，提高农业外资利用效率，各个地方项目管理部门都把质量监督工作放在首位，项目区下属各施工单位应设有专门的质量检查监督员，各县设有项目质量监督组，对工程质量进行全面的监督；由省、地、县负责同志与专业技术人员组成检查组，定期检查或抽查；为避免损失，做到专款专用，各级项目财会工作坚持按计划拨付资金，事后追踪检查，每年年末由主管部门、财政审计部专门进行检查，发现问题，及时纠正（秦富等，2002）。

第八章

国内农业利用外资的典型案例

第一节 福建省农业利用外资建设“台湾农民创业园”

为促进两岸农业交流与合作，引进台湾地区充足的农业开发资金、先进的农业技术和成熟的管理理念，2006 年以来，农业部、国务院台湾事务办公室先后在中国内地 14 个省（市、区）批准设立了 29 个国家级台湾农民创业园（以下简称“台创园”）。其中福建省 6 个，数量居全国之首，分别位于漳州漳浦、龙岩漳平、莆田仙游、三明清流、福州福清和泉州惠安 6 县（市）。总体看，福建“台创园”发展势头良好，较好地发挥了台湾地区农民创业平台、两岸农业合作平台、先进科技孵化平台和两岸同胞感情交流平台的作用。

一、“台创园”发展现状

近年来，为了加快“台创园”发展，福建省在全国较早出台了《福建省促进闽台农业合作条例》和《福建省政府关于加快台湾农民创业园建设的若干意见》。省内各级政府认真贯彻相关政策措施，“台创园”的建设取得了良好成效。

1. 园区集聚作用初步显现

目前，6 个“台创园”已累计吸引 453 家台资农业企业入园投资，投资总额近 17 亿美元，已成为台湾地区涉农企业和台农在中国内地创业的重要聚集地。其中，漳浦“台创园”入驻企业 247 家，总投资约 10 亿美元。漳平“台创园”入驻企业 59 家（其中高山茶企业 48 家），总投资约 0. 8 亿美元。仙游“台创园”

入驻企业 17 家，总投资 0.45 亿美元。清流“台创园”入驻企业 57 家，总投资 2.3 亿美元。福清“台创园”入驻企业 65 家，总投资 3.2 亿美元。惠安“台创园”入驻企业 8 家，总投资 0.17 亿美元。

2. 分工错位发展格局基本形成

各园区依托自身优势，初步形成主业突出、错位发展格局。漳浦“台创园”以台湾蝴蝶兰为主打品种，正着力打造国内外蝴蝶兰苗木和成品花卉的主要供应基地。漳平“台创园”全面引进台湾地区优良茶树品种、精细栽培技术、先进制茶设备和精湛制茶技术，目前已种植高山茶 5.5 万亩，被誉为“大陆阿里山”，是中国内地最大的台湾地区软枝乌龙茶生产基地和国家级“全国休闲农业与乡村旅游示范点”。仙游“台创园”建立了亚洲最大的台湾甜柿产销基地和中国内地最大的嘉宝果苗木生产基地。清流“台创园”林业苗木、花卉产业初具规模，已形成林业苗木 4.2 万亩、鲜切花 8000 亩、兰花 500 亩的种植规模，是中国内地最大的国兰生产基地。福清和惠安作为 2011 年新获批的两个“台创园”，其发展规划正在围绕台湾地区特色蔬菜瓜果和高档海水养殖两个产业展开。

3. 技术外溢效应逐步释放

漳浦“台创园”设立 6 年来，先后引进台湾地区优良品种 200 多个、新技术 30 余项，推广种养殖面积超过 35 万亩。漳平“台创园”2011 年引进台湾地区优良茶树品种 7 个，新开发永福高山茶产品 4 个，带动当地农民种植高山茶近 1 万亩，优良茶树品种覆盖率达 100%。台资农业企业不仅带来了资金、良种、技术、设备，而且还带来了发展精致农业、现代农业的经营理念和管理经验，带动了当地农业技术水平的提高和农民致富。福清“台创园”通过园区企业的示范和辐射，带动周边 3.6 万农户发展高效农业，年增加农民收入 3.2 亿元以上。此外，通过“台创园”这个媒介，两岸农民交流日趋紧密。近 6 年来，已有 1.3 万人次台湾地区农民到漳浦“台创园”参观考察。2011 年，到漳平“台创园”考察的台胞达 3600 人次，到清流考察、洽谈项目的台（外）商有 1600 余人。

4. 服务保障力度不断加大

6 个“台创园”都成立了台湾地区农民创业园管委会，并在人员、经费上给予

重点保障。省直各部门按照《福建省促进闽台农业合作条例》和《福建省政府关于加快台湾农民创业园建设的若干意见》，在基础设施建设、税收扶持、用地优惠、融资、保险创新、品牌建设等方面，对“台创园”予以大力支持。例如，在基础设施建设上，“十二五”期间每年安排农业综合开发资金1500万元。在税收扶持上，入园台资农业企业经营期在10年以上的，企业所得税地方留成部分实行“三免七减半”。对区内从事种养殖生产的台资企业和台胞个体工商户，电价按农业生产用电标准下浮30%等。同时，各地市和县政府也依据上述两个文件，进一步优化服务，先后出台支持园区发展的政策措施，积极在道路、水利、电力等基础设施方面予以资金配套，在土地、财税、金融服务等方面实行政策优惠。

二、“台创园”面临的问题

在福建省各级有关部门的大力支持下，全省6个“台创园”充分发挥自身优势，短短几年就走出了一条加强两岸农业交流与合作新路子，取得了较好的成效，但也存在政策落实不到位、管理水平不高、发展不平衡等一些突出问题，影响了“台创园”的进一步发展。

（一）基础设施投入不足

目前，国家对29个“台创园”只是给了一顶“帽子”，国家层面的具体扶持政策还不多。福建各级政府虽出台一系列支持“台创园”发展的政策措施，但由于园区多地处山区，而且范围较大（如仙游“台创园”涉及9个乡镇，其中7个乡镇为山区，区域总面积达1175km^2），通往园区的道路和区内土地整理、水利、供电等农田基本建设投资十分巨大，仅靠地方财力还难以承担。调研中了解到，部分园区虽然气候、水土条件非常优越，但由于基础设施投入不足，条件十分艰苦，道路、水电不通，设施不配套，发展面临的困难还相当大。

（二）台企（台农）融资难

目前，园区用地主要以租赁或承包经营方式取得。由于目前以土地承包经营权、租赁权设定抵押的法律依据和效力不足，导致区内企业还难以开展“地权”

融资。同时，以投资形成的茶园、果树等资产为抵押进行融资，也面临许多现实问题。例如，农业银行漳平市支行在全省率先推出“茶树抵押贷款”业务，但由于在林权证办理、茶园资产评估等方面都存在一系列难以操作的现实问题，目前办理林权证茶园面积仅有 1 万多亩，尚不足总面积的 1/4，融资“担保难”问题依然存在。

（三）土地流转难度大

农业的产业特点决定了台商、台农的土地租赁期一般要达到 30 ~ 50 年的期限。由于目前正常的土地流转机制还没有建立起来，特别是近年来各地土地包括农用地价格被不断“热炒”，当地农民出于自身利益考虑，很少有人愿意把自己承包经营的土地一次性、长期限地租赁给别人，由此造成“台创园”用地供应不足问题越来越突出。

（四）“卖难”问题突出

由于台商（台农）对中国内地市场还不十分熟悉，再加上宣传、推介不到位，目前台湾地区优质农产品在中国内地尚未形成稳定的消费群体，“销售难”问题还不同程度地存在。例如，仙游“台创园”已成为亚洲最大的台湾甜柿生产基地，优质甜柿种植面积已达 2. 5 万亩，去年就出现了一定程度的“卖难”问题。随着盛果期的来临，如不做好这方面的工作，将面临“增产不增收”的不利局面，影响台农进一步投资的积极性。据漳平“台创园”高山茶种植户反映，由于缺乏宣传推广，大陆对他们生产的优质高山茶还缺乏了解，不仅销售困难，而且价格也上不去。央视播出他们茶园中“喝豆浆的茶树”以后，很多观众都很有兴趣，但到哪里买、到底哪个牌子的高山茶才是“喝豆浆”的，知道的人还十分有限。

（五）农业保险制度不完善

目前中国农作物中，只有水稻一个品种可投保农业险。近年来一些商业保险机构虽在扩大农业保险覆盖面上做了一些有益尝试，但由于承保条件较为严格，

总体上看还难以有效发挥其应有的作用。例如，仙游甜柿种植户反映，树龄 4 年的盛果期果树，保险机构评估价为 300 元/株，年缴保费 10 元。但因台风、冻害等自然灾害导致的水果损失却不在赔付范围之内，只有果树全部倒地才能补偿，果农投保的实际意义并不大。

（六）口岸检疫便利程度不高

为方便口岸检验检疫人员监管，现有检疫隔离区多设于远离园区的口岸附近。由于布点少，特别是缺乏专业技术人员照护，一些名贵进口花卉苗木在此过程中受损甚至死亡。同时检疫通过的苗木，在完成隔离运回途中，还将再次经受“折腾”，进一步降低了苗木的存活率。此外，企业在种苗进口中也时常遇到因检验通关耗时过长而错过最佳栽培时机的情况，既打乱了原有生产计划，也增加了企业生产成本。

（七）知识产权保护不利

2010 年，中国内地与台湾地区签订海峡两岸知识产权保护合作协议，为两岸农业技术交流合作奠定了较好基础。但由于目前农产品“保知”体系尚未有效建立，侵权现象还时有发生，影响台湾地区先进技术和名优新品种向中国内地转移的积极性。例如，为拓展中国内地市场，一些台湾地区花卉企业往往要将一些最新品种引进来，但由于产权保护意识淡薄，几个月后当地农民就会通过简单的组培繁殖技术，将这些品种“克隆”出来并大量推向市场。此外，现有专利目录涵盖有限，也是造成侵权案件多发的重要因素之一。例如，漳浦“台创园”的钜宝生物科技公司，经多年努力成功研发出蝴蝶兰与朵丽兰的杂交新品种，但因其不在现有专利目录范围，企业至今无法申报专利保护。

（八）企业注册资金使用、资金汇兑等方面面临一定困难

台资农业企业在生产经营过程中，由于租用土地、购买农家肥等日常支出难以取得发票凭证，且上述投资也难以通过正常的资产评估渠道作为实物出资在法

律上得到确认，企业不得不另筹资金以实现注册资金按期到位的要求，从而进一步加剧了企业的资金困难。同时，由于目前尚未开展新台币与人民币直接双向汇兑和互换业务，台湾地区投资者主要通过民间渠道进行资金通汇，这样既存在较大的信用和汇率风险，也因汇兑过程游离于外汇监管之外，易滋生假币与洗钱等其他法律问题。

三、发展“台创园”对策建议

（一）注重现有“台创园”的完善、提升

目前，全国在14个省（市、区）设立的29个国家级“台创园”，无论从发展模式还是体制环境等方面，都处于探索阶段，发展的政策扶持和资金支持力度都有待于进一步加强。在下一步工作中，要重点做好现有“台创园”的完善、充实和提高，以充分发挥其应有的示范和辐射效应。待现有园区成熟后，再根据两岸不同地区农业产业的优势和特点，考虑审批新的国家级“台创园”，做到批准一个、成功一个，建设一个、带动一片。

（二）加大基础设施建设投入

“台创园”基础设施建设投资周期长、回报率低、资金需求量巨大，要坚持走多层次、多渠道筹集资金的路子，采取多种措施大力吸纳社会资本投入。国家要把“台创园”建设列入重点扶持项目库，优先立项支持园区的道路交通、水利设施、物流基地、服务设施建设。园区所在地各级政府，要把“台创园”基础设施建设纳入总体发展规划，安排专项资金增加投入。

（三）多措并举破解融资、保险难题

利用先行先试条件，通过提高资信能力、与内地资本开展合资经营等多种方式，突破担保抵押物不足的限制。对确系抵押而又难以提供有效抵押物的台农，可通过台商企业协会等组织建立联保制度予以解决。在经济合作框架协议框架内

深化两岸银行合作，实现两岸企业征信信息合作，探索建立“外保内贷”业务的可行性，由岛内银行提供担保，中国内地银行承贷。积极争取国家政策性银行为台农提供专案长期低息贷款，扩大融资渠道。引导商业保险机构积极开展政策性、公益性、互助性农业保险试点，加大对高科技种苗和养殖项目的投保力度，探索建立自然灾害救助基金，降低台农投资创业风险。

（四）进一步提高服务保障水平

完善土地征用程序和补偿机制，健全土地流转机制，切实缓解“台创园”土地供应不足问题。做好台湾农产品知识产权认证和保护工作，为台资农业企业在中国内地发展保驾护航；灵活解决台农的注册资本确认问题，提高台商自有资金使用效率。探索在不同“创业园”内设立专门隔离区，在检验检疫部门严格监管、指导下开展隔离业务，因地制宜提高自台引进新品种（包括种苗、种子）检验检疫环节的便利化水平，有效减少人为因素导致的名贵种苗损失。

（五）有效解决农产品“卖难”问题

借鉴日本“农协”和台湾地区“产销班”经验，加快园区产销合作社等中介组织建设，通过多种途径加大台湾优质农产品宣传、推广力度，提高市场营销能力和服务水平。将“台创园”纳入“农超对接”体系，实现优质台湾地区农产品直接进超市。鼓励各级商务部门在各类展会和电子商务平台中，辟出专门区域或窗口，加强对“台创园”商品的宣传、推介。

第二节　泰州市农业利用外资建设社会主义新农村

继党的十六大报告明确指出“建设现代农业，发展农村经济，增加农民收入是全面建设小康社会的重大任务”之后，2007 年中共中央国务院发布了《关于积极发展现代农业扎实推进社会主义新农村建设的若干意见》一号文件，重点对如何积极发展现代农业、扎实推进社会主义新农村建设进行了详细指导。文件强

调：要切实抓好农田水利建设，切实提高耕地质量，加快发展农村清洁能源，加大乡村基础设施建设力度，发展新型农用工业，提高农业可持续发展能力等多项工作。泰州市紧紧抓住这一重大机遇，加大招商引资力度，充分发挥泰州市自然资源丰富、农业生态环境良好、劳动力资源充足、农业科技人员多的优势，千方百计扩大农业利用外资的规模，提高农业外资的投资效益水平，充分发挥了农业利用外资在建设社会主义新农村中积极作用。

一、泰州市农业利用外资的优势条件

（一）自然资源优势

泰州市地势平坦，土壤肥沃，北部是大片古泻湖圩区，南部是长江三角洲冲积平原，按地理水系条件分为沿江、通南高沙土、里下河圩区等三个农业类型区，农业资源丰富，气候条件良好，生态环境质量好，有耕地面积475万亩，具有得天独厚的利用外资发展现代农业的地域优势。

（二）产业优势

泰州市是一个农业大市，总人口503万人，其中农业人口350万人，占全市人口总数的69.58%。农业既是泰州市的传统产业，又是发展较快、特色较鲜明的产业，也是利用外资发展较好的产业。经过多年的发展，泰州市已初步形成了以优质水稻产业、专用麦产业、无公害蔬菜产业、银杏产业、优质生猪产业、优质家禽企业、奶业、河蟹产业、农业旅游业等一批特色产业。自建市以来，泰州市在农业利用外资方面取得了很大的进步，不论是总量还是增长速度，泰州市农业利用外资都保持着良好的发展势头。

二、泰州市农业利用外资的现状及存在的问题

（一）农业利用外资总量少、规模小、地区分布差异显著

第一，农业属于弱质性产业，与其他产业相比，泰州市农业利用外资的总体

水平还存在一定的差距。2006 年，泰州市注册协议利用外资总额为 12.1 亿美元，实际利用外资总额为 7.66 亿美元，而同期泰州市农业协议利用外资总额和实际利用外资总额分别仅占全市的 9.2% 和 8%。第二，从外资的区域分布上来看，地区间分布差异明显。总体表现为“南多北少”，外资主要集中在姜堰、泰兴两市。2006 年姜堰、泰兴两市农业协议用外资达到 7721 万美元，占全市农业利用外资的 69.3%，而兴化市作为农业大县，2006 年协议利用外资仅为 452 万美元，仅占全市农业利用外资的 4%。第三，从各市区农业利用外资的发展来看，各市区农业利用外资存在不稳定因素。2005 年，全市农业协议利用外资额为 11 374 万美元，而 2006 年只是基本持平，增长乏力，这无疑为今后的农业利用外资留下阴影。2005 年高港区农业协议利用外资额高达 3959 万美元，而到 2006 年却只有 800 万美元，仅为上年的 20%。此外，农业利用外资主要来源于东南亚及日本等地区和国家，其技术含量比较低，多为劳动密集型的项目，农业附加值不高，难以起到示范作用，不能激发农民的积极性。

（二）与省内其他地区相比，还存在一定差距

与省内其他先进地区相比，泰州市农业利用外资还存在一定的差距。2006 年全省共新批外商投资农业（含种养业、农产品加工业、休闲观光农业）项目 422 个，实际利用外资额为 10.54 亿美元，同比增长 27.3%。然而，2006 年泰州市新批外商投资农业项目仅为 34 个，实际利用外资额为 6191.86 万美元，分别占全省总额的 8.06% 和 5.87%，列全省第五位，落后于同属苏中地区的南通。不仅引资数量无法同人家相比，引资项目质量也有较大的差距。由此可见，泰州市农业利用外资的形势相当严峻，加大农业招商引资工作力度刻不容缓。

（三）农业产业化发展不够，缺乏竞争力

经过多年的发展，泰州市培养壮大了一批农业产业化的龙头企业，但与国内及省内一些产业化发展较快的地方相比，缺乏核心竞争力，这在一定程度上也制约了外商向农业领域投资的积极性。突出表现在：一方面，企业规模偏小，品牌

带动乏力。尽管农产品加工企业数量较多，总体加工能力较大，但企业规模普遍较小，平均加工产值仅440万元左右，销售过亿元的企业更是凤毛麟角。而且多数以粗加工为主，加工层次低，附加值不高。此外，由于品牌杂乱、品牌的宣传、推广、保护等环节工作不到位，缺乏叫得响、带动力强的品牌，多数品牌的带动效应并没有得到真正的发挥。另一方面，产业发展组织体系落后，以粗放式经营为主。通过龙头企业、合作经济组织（协会）带动，参与产业化经营的农户比例不足10%，而真正按“风险共担、利益共享”机制联结的农户比例不到5%，农业生产组织方式仍以千家万户直接面向市场为主。养殖业上，生猪、肉禽、蛋禽规模饲养的比重分别为34.7%、65%和40%，整体而言，农、牧、渔业生产仍以粗放经营为主，规模化、集约化水平低，不利于农业设施投入和科技推广应用，外商企业所希望得到的规模经济等难以实现。

（四）投资载体建设发展缓慢，没有形成示范效应

泰州市农业委员会统计资料显示，2006年泰州市农业开发区共引进外资农业项目3个，协议利用外资751万美元，实际利用外资183万美元，分别仅占全市农业利用外资的8.8%、6.7%和2.95%。此外，各市区所设立各类农业特色园区在利用外资方面也没能取得实质性进展。

（五）投资环境不尽完善

从投资硬环境来看，农村尤其是苏北地区农村基础设施薄弱、生态环境恶化、服务设施不健全、交通道路和通信条件差、缺乏与外界进行快速高效通信的网络、农业生态环境存在恶化的趋势、部分地区的“三废”排放量大、综合利用较少。从投资软环境来看，市场经济运行机制和相关的法律法规不够完善。社会服务体系不健全，有些政府部门办事效率低下。风险防范机制不健全，难以抵御农业本身的自然风险和和市场风险。项目论证与评价机制不完善。农村人口素质普遍较低，缺乏农村高级生产与经营管理人才等。目前鼓励外商投资农业的优惠政策主要有：外商投资农业企业所销售的自产农产品免征增值税；外商投资农

业机耕、排灌、病虫害防治、植保、农牧保险及相关技术培训业务、家禽、畜牧、水生动物配种和疾病防治项目免征营业税；从事农业、林业、牧业的外商投资企业所得税在减免期之后10年内可减征15%～30%等。这些优惠政策虽然在一定程度上促进了农业利用外资的发展，但由于政策倾斜不够，难以对外商产生很强的吸引力。另外，目前外商投资农业项目在土地使用权限审批、土地使用费标准、土地使用期限、税收政策、银行信贷、产品出口、进口农业生产资料及相关的良种、种苗等方面所受限制还较多，大大影响了外商投资的积极性，客观上限制了外资的大量流入。

三、泰州市农业利用外资的对策

新时期，泰州市应紧紧围绕《泰州市农业农村经济“十二五”发展规划》，依托泰州市农业生态优势、资源优势、区位优势和科技优势，以农业龙头企业为招商主体，以农业开发区及特色园区为主要阵地，以农业基础设施建设、特色农业、健康养殖业、农副产品深加工、农业机械、农资产品、农业物流、观光农业为发展重点，着力打造泰州市十大特色产业，努力培养拳头产品，树立品牌意识，多渠道、多形式地开展各类招商引资活动，积极吸引国际资本投资泰州市农业，进而逐步提高泰州市农业优势产业的国际竞争力。

（一）拓宽农业利用外资思路

拓宽农业利用外资思路，泰州市不仅要在农业利用外资的领域上求发展，更要在招商引资方式上求突破。在农业利用外资渠道上要有新突破。在外资来源方面，要在招引外商直接投资的同时，既要重视外国贷款和援助及国际组织如世界银行、联合国粮农组织等的贷款和援助，也要积极采用融资租赁、合作开发、跨国并购、BOT等多种形式积极引进外资项目；除了传统的日、韩及东南亚等国家和地区以外，还要大力鼓励和引导欧洲、美国、加拿大、澳大利亚等农业发达国家和地区的外商投资泰州市农业；除了继续吸引中小企业外，还应该重点引进大型跨国公司、财团等投资泰州市的农业。

在招商方式上应有新举措：第一，精心组织参加各种招商活动。多年来的招商引资实践有力地证明，参加重大招商活动，是了解世界和被世界了解的重要途径，是结识客商、汇集信息的重要途径，是推介企业和招商项目的重要渠道，还是推介泰州农业、结识朋友、学习经验的重要媒介。第二，利用现代传媒技术，开展网上招商。要充分利用现有的农业网络资源，把农业招商的宣传资料、项目、动态情况推介上网，开辟农业招商引资专栏，让潜在的投资者了解、认识泰州农业，寻找到泰州所能提供的投资发展机遇。第三，利用聘请招商代理等方法，开展中介招商。要有针对性地聘请一些有实力、有影响的国外大公司、大企业驻中国的商务代表及一些与泰州市有友好关系的国内外友好人士，担任地方招商代理，请他们提供农业招商信息，宣传泰州农业，促成客商投资落户泰州。第四，针对一些重大农业投资项目，负责人应亲自挂帅，集中优势人才，组建小分队，进行敲门招商，加快项目进程。

（二）加大力度扶持招商投资载体

加大力度扶持招商载体，不仅要发展壮大农业龙头企业，使之做大做强，更要积极培育农业开发区及特色园区，使之做名、做优、做特。泰州市根据农业资源及农产品市场需求特点，因地制宜打造农业块状经济，已基本形成了以兴化“一棵葱”、泰兴“一棵树”、姜堰“一袋米”、靖江“一壶油”、海陵“一瓶奶”、高港“一枝花”等为主导的一地一特色的产业发展格局。各市区应围绕特色，发散性思维，以特色产业为中心，竭力挖掘上下游发展潜力，制定长远发展规划，广泛宣传造势，进一步放大特色效应，做到特色中出规模、特色中出品牌、特色中出竞争力。

进一步扶持、壮大泰州市农业利用外资载体的建设和发展。首先应促进龙头企业的发展，培育利用外资的主体，以龙头企业反向推动种养殖业的发展；其次，应充分发挥农业开发园区的主阵地作用，实现种养殖业在乡镇、农产品加工在园区的发展态势，整合泰州市的农业资源，集约化利用土地，激发农民参与农业利用外资的积极性。

二、后危机时代中国农业利用外资面临的国内经济环境

改革开放以来，中国农业利用外资对经济增长起了不可替代的作用。社会主义市场经济的建立和完善，为农业利用外资，创造了良好的环境，这些资金的投入弥补了农业投资不足，改善了农业生产的外部环境，提高了农业生产水平。从国内经济形势看，扩大内需已成为推动经济长期持续增长的主导性因素。

在后危机时代，外资在增加中国农业投入资本，推动农业技术进步，改善农业生产条件等方面发挥了非常重要的促进作用。《中国国民经济和社会发展十二五规划纲要》中明确提出，必须实行更加积极主动的开放战略，不断拓展新的开放领域和空间，扩大和深化同各方利益的汇合点，完善更加适应发展开放型经济要求的体制机制，有效防范风险，以开放促发展、促改革、促创新。与此同时，现阶段中国农业利用外资过程中还存在诸如利用外资比例明显不足，来源渠道相对单一，区域分布显著失衡等突出矛盾，严重影响了中国农业利用外资的规模和质量。保证农业发展的资金需求是中国农业发展的一项重要战略。国有企业的改革和西部大开发战略的实施对外资的需求量很大。西部的生态环境的改善和资源的充分利用需要大量的投资。吸引外资，鼓励和引导外资投向农业、基础设施、环境保护等行业，是促进西部地区的经济发展的战略重点。

综上所述，在未来相当长的时期，中国农业利用外资的潜力很大，但也会面临许多困难。从国际看，跨国公司之间的购并规模日益扩大，不利于资金大量流向发展中国家。从国内环境看，国内有关农业利用外资的政策法规还存在很多与市场经济原则不符的条款，改革长期形成的计划经济体制是一个渐进的过程。由于农业产业本身的特点，农业技术具有很强的地域性，农业技术的垄断优势难以形成，无法获得与其他产业相同的利润。由于这些因素的制约，长期以来，中国农业吸引外商直接投资的规模一直很小，农业产业程度低，农业利用外资的载体不够强大，国内购并环境不佳，占全球跨国投资主导地位的收购兼并方式在中国难以采用。入世使得中国利用外资的国内外环境发生变化，这些变化会直接或间接地影响中国农业利用外资，因而，有必要对原有的农业利用外资战略进行新的

调整，形成21 世纪初中国农业利用外资新的发展战略。跃上一个新的战略高度，将增加外资的流入量，外资在国民经济发展和产业结构调整中将发挥更大的作用。

第二节　后危机时代中国农业利用外资的战略选择

在世贸组织的协议中，主要有4 个协议与利用外资有关，即《与贸易有关的投资措施协议》、《服务贸易总协定》、《与贸易有关的知识产权协定》和《补贴与反补贴措施协议》。这些协议对未来中国利用外资将分别产生不同的影响，它们构成了外资战略调整的一个重要依据。入世后中国农业利用外资战略如下。

一、后危机时代中国农业利用外资产业战略

自实行改革开放政策以来，中国在吸收外商投资中一直重视生产型投资，外资主要集中在工业领域即第二产业，第一产业和第三产业利用的外资偏少。入世后中国利用外资的领域（产业）战略应进行调整，即从目前的以工业领域为主逐步转向以服务业和农业为进一步扩大开放领域。逐步开放金融、电信、商业、外贸等领域，吸引迫切想进入这些领域的外国投资者，以扩大外资规模，提高中国在这些领域的国际竞争力。同时积极鼓励外商把资金投向农业、高新技术产业、基础设施、环保产业和出口型产业。

在农业产业内部，按照国家的产业指导目录调整外资在农业（种植业）、林业、畜牧业、渔业各业的分布。

外商投资一般以农产品初级加工为主，高科技含量、高新技术、精深加工少，对相关农业产业的带动作用比较小。因此，要进一步发挥农业引进外商投资对调整和优化产业结构特别是农业内部结构中的积极作用，消除外资进入对中国经济发展和产业结构升级特别是对国家经济安全可能会产生的消极影响，就必须根据中国产业政策的要求：进一步明确农业利用外商投资的产业分布。

为了引导外商投资，使其投向的产业分布更趋合理，中国在《国民经济和社

会发展“十二五”计划》、《指导外商投资方向暂行规定》和《外商投资指导目录》等有关文件中，对外商投资的产业分布作出具体的指导。根据上述文件，今后中国农业利用外商投资的重点是种植业、养殖业和农副产品加工业。

在具体项目的选择上，列入鼓励外商投资的有如下几种。

种植业方面的粮食、棉花、油料、糖料、水果、茶叶、蔬菜等农作物优良品种的引进、繁育和加工技术；荒地、荒山、滩涂开垦开发，中低产田改造；蔬菜、花卉无土栽培系列化生产技术；粮食、蔬菜、水果储藏、保鲜、干燥、加工新技术、新设备。

林业方面的林木良种引进、苗圃建设、中低产林改造及营造林；林业化学产品及林区“次、小薪材”和竹林的综合利用新技术、新产品、各种人造板产品；林区制浆造纸。

畜牧业方面优良种禽、种畜繁育（不含中国特有的珍贵优良品种）；饲料添加剂和饲料蛋白资源开发；动物用抗菌原料药（包括抗生素、化学合成类）；动物用驱虫剂、杀虫药、抗球虫药新产品及新剂型等。

渔业方面的水产苗繁育；名优水产品的养殖；水产品的储藏、保鲜、干燥、加工新技术、新设备。

列入限制外商投资的项目的有：珍贵树种原木加工、出口，近海和中国内地水产捕捞业。

列入禁止外商投资的项目有：国家保护的野生动植物资源；中国稀有的珍贵优良品种；动植物的自然保护区建设；绿茶和特种茶加工。

应该说，中国对农业引进外商投资的上述规定，既比较具体，又比较全面。现在的问题是如何克服有些地区和部门在地区利益和部门利益的驱动下在具体引资工作中对这些规定的偏离。此外，鉴于“白色农业”① 和“蓝色农业”② 在发

① 白色农业是指通过工厂化微生物工程，分解动植物废弃物资源，形成非绿色植物的、不污染环境的新型农业和产业

② 蓝色农业指的是在水体中开展的海洋水产农牧化活动，具体来说，所有在近岸浅海海域、潮间带及潮上带室内外水池水槽内开展的虾、贝、藻、鱼类的养殖业都包括在内

达国家已经起步的现实，为使中国农业赶上世界农业发展的潮流，中国似乎还应该把“白色农业”和“蓝色农业”的相关项目列入鼓励外商投资类项目。

二、后危机时代中国农业利用外资方式战略

目前，中国利用外商直接投资的方式主要是合资、合作和独资企业，再加上少量的外商投资股份制企业与合作开发项目，国际上流行的收购与兼并方式在中国利用外资中采用的不多，在农业利用外资更少。这无疑限制了利用外资规模的扩大。加入 WTO 后，要通过方式创新提高利用外资的规模和质量。尽快允许外商采用国际上流行的购并方式设立企业，具体包括允许进行协议购并、允许进入企业产权交易市场购并、允许进入股票市场开展购并、允许合资企业外方通过股权转让和增资扩股方式购并等。发展相关的中介机构、完善产权制度、逐步放开资本市场，建立跨国购并审查制度等，实现引资方式的战略调整。产权交易制度和资本市场的逐步开放将为外资参与国内农业企业的跨国兼并、重组提供良好的制度环境，促进外资以多种形式投资农业。对于外资并购国有农业企业，要根据产业政策的要求，确定禁止或限制外资控股并购的行业与范围，对关系到国计民生和经济安全的主导产业，外商不得控股，鼓励外商投向有利于农业发展的行业，尤其是农副产品加工业和出口创汇农业部门。

购并方式的采用与证券市场联系密切，所以，要有步骤地开放证券市场，让外国投资者进入 A 股市场，而不仅仅是 B 股和 H 股等市场，借助证券投资设立企业。积极拓宽农业利用外资的渠道和方式。开拓民间资本和国际商业资本的渠道，大力吸引外商直接投资农业项目。对于一些农业综合开发、创汇农业项目尤其是科技含量高、附加值高的项目，要积极探索运用融资租赁、产权投资、证券融资资产并购、控股投资、境外上市、项目融资、基金融资和经营权、收益权的有偿转让等新方式引进外资。对于一些大型的水利枢纽工程，凡具有一定经济效益的，可采用 BOT 方式吸引外商投资。

1. 并购方式

允许外资采用购并方式进入，可以大大简化外商投资农业的手续，使外商降

低投资成本，缩短从投资到形成生产力的时间，借助原有企业的人员和销售网络迅速进入市场。投资方式的调整还包括鼓励外商设立研究开发中心（研究院）和设立投资性公司（地区总部）。

2. 风险投资方式

实施科技兴农战略，允许国外风险投资基金进入农业高新技术产业领域，通过风险投资加速农业高新技术产业化。利用风险投资基金，建立一批设备较为完善的重点实验室，一批农业高新技术产业。农业高新技术产业发展的优先领域主要有：农副产品储藏、流通、加工先进技术和设备，农业动植物基因工程产品，高效有机肥生产工艺与设备，工厂农业和设施农业技术、工艺和设备，节水灌溉技术和设备，苗木脱毒繁育产业化，高效无公害集约化养殖技术和设备，家畜良种胚胎生物工程等。围绕这些优先领域，创造优惠的政策与环境条件，加大国际合作、交流范围与力度。为建立多元的农业高新技术产业融资机制，出台吸引外资、社会和私人资金发展农业高新技术产业的优惠政策，扶持农业高新技术投资风险基金，进一步允许国外风险投资基金进入农业高新技术产业领域，制定中小企业高新技术企业融资上市的优惠政策；吸引海外留学生、专家、学者回国服务，争取更多的国外农业高新技术专家、学者来华工作、讲学，或直接投资兴办各种中小型民营农业科技企业。

第三节　后危机时代中国农业利用外资地区战略

在不违背世贸组织基本原则的前提下，一国可在其国内实施旨在促进经济发展和经济结构调整的利用外资产业政策与地区政策。总体来讲，加入 WTO 后，利用外资方面将由以往以地区倾斜政策为主转变为以产业倾斜政策为主，同时辅以对中西部地区一定程度的地区倾斜，从而在全国逐步形成基本统一的、稳定的和透明的外资政策。在这方面，国家已开始陆续出台一些相应的政策法规。

东部沿海地区由于自身有利的地理条件和政策优惠在农业利用外资上先行一步，这是符合经济发展的客观规律和国家改革开放总体战略要求的。截至 2000

年年底，东部地区在利用外资的项目数、合同外资金额、实际使用外资金额方面分别占全国的82.13%、88.13%和87.84%。在继续发挥东部地区利用外资优势的同时，要大力引导和鼓励外资投向中西部地区，这对于缩小东部与西部的差距、充分发挥西部地区独特的资源优势并进行生产力的合理布局具有积极意义。中国农业利用外资的地区战略向中西部地区倾斜，既是中西部地区经济发展的内在要求，也是中国对外开放和利用外资总体战略的逻辑延伸。这种战略转变不仅仅是传统意义上的东部外商投资企业因工资和地价等生产成本上升而向内地的产业转移，更主要的是要充分发挥中西部地区独特的资源优势并进行生产力的合理布局。在中西部地区利用外资倾斜政策的作用下，该地区将在21世纪初实现利用外资的跳跃式增长。

实行优惠政策的地域倾斜，鼓励外商发展中国中西部资源密集型产业，加快中西部地区的经济发展。中西部地区的基础设施、农业综合开发项目，大多投资大，周期长，回报率低，外商投资谨慎，合资中的许多问题难以解决。再加上这些地区交通不便，劳动力素质较差，国家应多给这些地区一些优惠政策，吸引外资。国家应在配套资金、外汇平衡、控股权内销比例、经营期限等方面予以统筹考虑。在保证国有资产不流失的前提下，可允许中西部地区向外商出让部分现有基础设施的股权，将其所得用到新的基础设施项目上，支持中西部地区建立农产品深加工项目，逐步改变不合理的生产结构。以后新开的农业试点行业和试点地区，在同等条件下，应优先安排在中西部地区。

第四节　后危机时代积极实施“走出去”战略

提高质量外资的同时，中国应大力提倡“走出去”战略，到国外去利用外资。实施“走出去”战略有助于更好地利用国际和国内两种资源、两个市场，弥补中国国内资源的不足；有助于更有效地带动中国设备、技术、产品和服务出口，促进中国经济的健康发展；有助于更好地促进中国与世界其他国家特别是发展中国家的经济合作，全面参与国际竞争，扩大中国的国际影响。从国内来看，

国内农业产业结构调整和农业科技进步的紧迫要求，使中国对国际经济的依存度进一步提高，需要扩大国际间的交流与合作。中国农业品种资源十分丰富，改革开放培养了一大批农业科技人才和企业管理人才，形成了大量的先进实用技术，涌现出了许多具有一定国际竞争力的农业企业，积累了可以进行境外开发所需的资金；从国外来看，世界经济保持较快增长速度，经济全球化加速发展，中国的一些农业企业在资金、技术和管理方面具备了参与国际竞争的基础条件，中国的一些农业实用技术对许多发展中国家具有较强的适用性和吸引力。许多农业资源十分丰富的国家或因缺乏技术、或因缺乏劳力和资金，迫切需要这方面的合作。国内企业进入国际资本市场的方法有 4 种：①在国内市场筹集外资，即国家推出的“境内上市外资股”——B 股。前不久，国家已经放宽政策，对发行 B 股的企业不分所有制限制，将成熟一家，发行一家。这无疑为中国吸引外资创造了良好的条件。②海外上市。海外上市对企业的要求很高，有助于国内企业了解和掌握国际市场的运行规律，促进他们面向国际市场。由于发展时间短，国内企业海外上市还需要注意按照国际规范重组企业、进行财务安排、与国外法规接轨和防止国有资产流失等问题。③在海外发行公司债券。目前中国在海外发行公司债券的数量还少得可怜，而这在发达国家已经成为直接融资的常用工具，因此债券的海外发行要继续积极探索，努力开展。④通过境外直接投资，建立合资、独资企业，直接参与国际竞争，从而更有效地提高管理水平和国际竞争力。

只要我们选中项目，认真做好可行性研究，谨慎地选择好对象，中国农业走出国门是大有前途的。农业外事外经工作者应该不断更新观念，开拓进取，抓住有利时机，大力推进全方位、多层次、宽领域的农业对外开放，把农业对外合作提高到一个新水平。

第十章

后危机时代中国农业利用外资的对策建议

第一节 在 WTO 框架下，转变农业利用外资方式

在后危机时代，就总体投资环境来说，无论是法律体系的完善、法律的执行、市场秩序的建立和规范，还是政策的稳定性和透明度、政府管理经济的方式和手段，以及基础设施提供、信息服务等，与其他国家相比，仍然存在较大缺陷，优惠政策还是属于必要的弥补手段。采取积极措施，改善投资环境则是吸引国际直接投资的一条成功经验。亚洲“四小龙”在其经济起飞过程中都曾投入巨资加强基础设施建设，有效地改善了投资环境，吸引了大量的国际直接投资，尤其在资本密集与技术密集型产业方面的投资，对本地区经济的发展起到了迅速的推动作用。

加入 WTO 后，由于非歧视和国民待遇原则的实施，以往外资企业的政策优势不明显，加之很多外商更看重投资环境是否优良，以及能否长期获利，而非引资政策的一时性优惠。因此，在农业利用外资上由过去注重优惠政策的出台转变为改善和创造良好的投资环境，并通过健全法律制度、提高透明度、完善社会信用制度、维护竞争秩序等措施来加快吸引外资的步伐。

一、加快出台《反垄断法》和《反不正当竞争法》实施细则

依照 WTO 规则，加入 WTO 后我们不仅要取消贸易壁垒，而且要取消投资

壁垒。我们要以 WTO 相关协议为依据，完善《反垄断法》和《反不正当竞争法》实施细则等。这样一方面可以排除引资过程中行政性政策的随意干扰；另一方面，为防止由于外资大量进入或对敏感企业的并购而造成对国内某一市场或某种行业的垄断行为奠定法律依据。目前，外资并购对农产品产业安全已经在一定程度上造成了危害，我们一定要采取切实可行的应对措施。具体措施如下。

1. 细化和完善外商投资农业指导目录

在《外商投资产业指导目录》中，中国虽然规定了禁止外商设立独资企业和外商控股的产业内容，但可操作性不强。因此，根据中国农产品加工业的发展要求和外商投资特点，要适时修改《外商投资产业指导目录》，确定外商投资农业产业的开放重点和秩序，进一步细化农业类鼓励、禁止和限制的产业指导目录。对于粮食等关系国计民生和国家经济安全的农业领域，如水稻、玉米、大豆、肉制品的重点加工行业，应有禁止或限制的明确规定和措施。对于不符合国家农业产业政策的项目，应从立项、注册、审批等方面进行限制和禁止，从而引导外资的投向符合农业产业政策，保障农业产业安全。

2. 严格管制外资的非正常并购

与跨国集团相比，中国农业企业的实力还十分薄弱。如果国家对外资超常规的扩张和并购本国农业企业不加以适当引导和限制，则极可能意味着中国众多的农业产业化龙头企业、中小农业企业就失去了自主稳步成长的机会。由此我们可以采取三个应对措施：①通过人大特别提案的方式进行表决来限制外资控制重要农业行业，对已经被外资全盘控制的行业，政府可从国家战略利益角度进行行业管制；②对新批准建设的农产品加工项目，必须通过人大立法来实施行业审查，制定农业产业损害调查制度和保护政策，防止大豆产业被外资操控的局面在农业其他行业再次上演；③为了公平税负，促进民族经济的发展，应考虑取消外资在税收方面享受的“超国民待遇”，可对外资恶意垄断征收垄断利润税。

二、建立和完善中国农业产业竞争政策体系

公平的竞争秩序，是中国保护优秀企业的积极手段，也是确保中国农业能够长期充分利用外资的重要保证。政府应树立“竞争优先”的理念，研究和制定有利于公平竞争的竞争政策，维护良好的竞争秩序。

根据国外经验，通过完善法律法规来规范和引导跨国公司的并购行为，防范跨国并购带来的风险。通过建立健全中国涉外经济法规体系，强化涉外法规的执行和对涉外经济活动的引导，依法加强对外商投资农业企业监督管理；规范国内农业企业和外资农业企业的市场行为，引导外商投资的健康发展，从而健全我国农业市场的竞争机制。

三、建立信息公布制度

建立信息公布制度，增强透明度至少向外商提供 10 个方面有关中国和当地的确切信息：国家利用外资方面的法律与法规，政治稳定性，经济实力，对外资的欢迎程度，政府在外汇管制、外籍人聘用、投资股本管理等方面的政策，基础设施情况，劳动力素质（包括教育水平、技术力量、工会影响等），银行和金融运行状况，政府效率（包括地方和中央的关系），当地商业环境（包括律师和承包商的水平，乱收费、乱罚款、乱摊派问题解决得如何）等，增加外商投入农业的透明度，增强外商投资中国农业的信心。

四、建立健全农业利用国际金融贷款的偿还机制

要坚持有偿使用、讲究信誉、承担风险、谁借谁还的原则；加强和改善对外借款的宏观调控和项目管理，建立责、权、利统一的借、用、还管理机制；多利用长期优惠贷款，调整债务结构和币种结构，增加借款的货币种类，同时使借款的币种结构与出口创汇尽量保持一致；通过税收和建立风险基金等方式将一部分项目的社会效益转化为财务效益，增强项目的偿还能力。

第二节 加强农业利用外资的环境建设

一、加强农业利用外资的硬环境建设

在硬环境建设方面，政府应在政策和财政上进一步加强对农村基础设施建设的投入力度，发挥农业开发资金的引导作用，改善生产条件，特别是对农业基础设施和农业生态环境的建设，重点加强农村公路、通信线路建设，兴建现代化农田水利、搞好农村供水、供电工程，治理耕地、水源等污染问题，在人畜饮水、小水电等工程建设方面继续加大投入，改善农业的生态环境和基本生产条件，营造有利于农业项目发展的硬环境，支持农业主导产业产前、产中、产后各环节的硬件建设（华树春，2012）。只有具备了一定的硬件环境，才能降低农业生产成本，提高综合生产能力，吸引外商投资，促进农业生产持续、快速、稳定发展。

二、搞好农业利用外资的软环境建设

1. 加大农业利用外资的优惠政策力度

对于农产品精深加工、农产品出口创汇、农村清洁能源工程、生态农业、农业环境污染治理、农产品质量标准化工程等这些具备先进技术和现代管理经验的项目，要最大限度地减免各项税费征收；对于外商从事农业基础设施建设，投资于荒山、荒坡、中低产田改造或投资于能明显提高农产品产量、质量和效益的项目和使用先进技术从事种植业、养殖业的项目等，可在土地审批使用权限、税收等方面给予更多优惠；一些大型农业开发项目、引优种引科技的项目、回报期长投资于基础设施的项目、高效节能的项目等应该给予税收和信贷优惠，项目的经营期限可根据具体情况适当延长；适当放宽如外资经营农产品批发和零售领域的限制，鼓励外商投资农产品流通领域，使各种农产品仓储、批发市场、集贸市场、交通运输等流通网络更加得以完善；逐步放开农业生产资料的进出口管理；对于那些投资中西部地区农业的外商还应给予地区优惠政策，当然，也应同时赋予国内的农业投资者，做到利用外资的同时不闲置内资，处理好农业保护和吸引

外资的关系。

2. 逐步完善农业利用外资的配套服务体系

一方面要提高中国农业农村电子信息化水平，完善对外商的信息服务。建立关于中国的农业情况信息网络，使外商对中国农业各个方面情况有所了解，对中国投资农业的优惠政策有全面认识；另一方面要加大农业利用外资人才的培养力度，采取多渠道多种培养方式，建立一支较稳定的、具备较高业务素质和管理能力的农业利用外资人才队伍。努力培养并提高队伍的科技和文化水平，加强队伍与外界沟通交流，创造有利条件，增强其参与国际竞争的能力和自主开发创新的能力。要加大对农村的教育力度，提高农民对科学技术的识别、吸收、消化和创新能力。同时还要拓宽利用外资渠道，落实好项目的配套资金。在选择外商直接投资为主要方式的基础上，积极争取国际组织的援助或间接投资，尽可能将间接投资引向那些经济效益不明显、回收期长、公益性的农业项目。

3. 要不断提高政府的办事效率

为外资进入中国农业领域提供全方位的服务。为了适应、达到 WTO 的要求，中国政府在不断地清理、修改与 WTO 不相符合的政策、法律和规章，相继填补了某些方面的法律规章空白。同时还进一步减少了行政审批项目、审批程序，简化了办事手续。在外商来华投资目录中，调整和放宽了投资农业的重点和领域，修改了农业服务贸易领域的市场准入条件，使国外企业在投资中国农业时享受到了国民待遇。这进一步增加了中国贸易政策和法规的透明度。这就为外商企业来华投资农业创造了一个稳定的政策环境，公平、统一的市场环境和完整的法律环境。

第三节　农业利用外资由注重吸引资金转变为注重引进技术

20 世纪 90 年代中期以来，金融机构年存款增量大于贷款增量，国内储蓄率多年接近 40%。通过引进外资弥补资金不足的目标已不复存在。我们利用外资的指导思想和战略方针应该由利用外资弥补资金不足和通过外资引进技术两个并

行的指导思想，转变为利用外资引进技术一个战略主题。同资金相比，技术对中国经济的发展更具有持续性和影响力，而我们所需要的技术都可以从跨国公司那里获得。目前，跨国公司掌握着全球85%以上的技术开发能力，并且成为世界范围内技术流动的主要载体。

中国要有针对性地引进国外先进农业科技，重点抓好这些成果的消化、吸收和推广应用。技术成果的引进要紧紧围绕制约中国农业发展的主要技术因素和发展“两高一优”农业和保证农产品的有效供给与扩大出口创汇来进行，防止重复引进和低水平引进。

而且，在引进技术时，应由过去的“以市场换技术”转变为诱导技术流入。“以市场换技术”实施的效果并未达到预期的目标，即我们让出了市场却并未得到人家的技术。道理很简单，在跨国公司看来技术比市场更重要。从某种意义上说，跨国公司开拓市场靠的就是技术。因此，跨国公司绝不可能与其他企业共享自己的技术垄断优势，更不愿意为自己树立竞争对手。这就决定了跨国公司不可能拿先进技术或核心技术与通过其他方式也能占领的市场份额相交换。所以“以市场换技术”也只是我们的“一厢情愿”。为了回报我们让出的市场，外商多以在其国内淘汰的技术或二手设备敷衍我们。

市场换不来技术，我们就通过竞争来诱导技术的流入，由“换”变为“诱”。竞争是跨国公司向中国转让技术的真正动力。近年来，跨国公司对中国农业高技术产品的投入、设立研发中心等，都是为了增强其竞争力，保住在中国的市场份额。由此可见，只有竞争才能促使跨国公司向中国转让技术。

第四节　不断优化农业利用外资的投向和区域布局

一、优化农业利用外资的投向

要根据中国农业发展规划和现状，明确外商投资农业的重点领域，重点鼓励外资投向农业综合开发项目，包括中低产田改造和农业基础设施建设；完善农业技术推广体系，优化农业产业和产品结构；鼓励外商投资建设集约化的畜禽生产

基地；引进农产品储藏、保鲜、深加工等先进设备；开发生产优质、高效的农药、饲料、化肥等产品的项目；鼓励外商开发农用机械、投资于国有农场和乡镇企业技术改造、农业生态环境综合治理、农村能源开发利用、农贸大市场等项目建设，充分发挥外资项目的示范和带动作用。

二、因地制宜，优化区域布局

在农业外资的吸引过程中应按照因地制宜的原则，针对不同的农业发展地区布局，制定相应的农业利用外资发展地方农业产业的促进政策，突出各地区农业利用外资的产业发展重点，强化地区农业资源效应，发挥地区的农业资源优势在引资中的作用。对于东南部沿海地区，制定并完善农业吸引外资的产业政策，其对外开放程度和经济发展水平较高，根据中国农业发展规划和现状，农业利用外资有一定的基础，应重点发展科技含量高、产品附加值高的产业、产品质量好的高效农业项目。发展农产品精深加工，逐步改变农业利用外资产业流向不合理的现象。综合开发利用，发展生态农业，以促进农业增长。对于中部地区，因为自然资源丰富，大力开展农业基础设施建设，完善农业技术推广；条件好的地区引资重点在于改造中低产田、优化农业产业结构和产品结构；鼓励外资投向水利等基础设施建设和农业推广体系，培植建设集约化的畜禽基地，促进农业产业化和农民增产增收；引进保鲜、深加工等先进设备；开发生产优质、高效的农药。对于西部地区，引进外资应重点考虑扶贫和农业综合开发如饲料、化肥等产品的项目；鼓励外商开发农用机械项目；发展生态农业，充分发挥丰富的自然资源优势，利用外资进行环境的综合治理、农村能源的开发利用、农贸大市场、旱作农业的综合开发，搞好畜牧业的开发和扶贫的建设。

第五节　加速农业产业化进程，培植嫁接外资的有效载体

培育农业的市场竞争主体是外资利用和农产品贸易发展的微观基础。因此，要加速农业产业化进程，一方面要加快农业笼统企业的建设步伐，另一方面要加

快农民专业合作经济组织发展，培植嫁接农业外资的有效载体。

一、加快农业龙头企业建设步伐

中国农业企业普遍存在规模小、管理水平低的问题，除此之外中国的这些农业企业自身的研发实力一般都比较弱，技术大都从外界获得，无法与国外农业企业相抗衡。因此需要培植具有国际竞争力的农业龙头企业，提高与外商的合作与竞争的能力。

（一）建立健全创新体系，增强企业的技术创新能力

技术创新作为企业生存和发展的根本依托，是企业持续竞争优势的生命力。一方面，企业要加强产、学、研合作，实现优势互补。农业企业要主动与科研院所、大专院校建立长期稳定的技术合作关系，携手开发和推广新产品、新技术。企业要充分利用科研院所、大专院校强大的科研力量和技术创新优势，以科研项目合作的形式与企业自身的财力和物力相结合，将新技术以生产工艺革新、产品更新换代等形式推向市场，并把市场需求反馈给科研院所，从而形成企业“科研—生产—再科研”的良性循环研发机制，使企业能够突破自身的条件限制，缩短技术创新周期，提高产品在市场中的竞争力；另一方面，国家要继续加大多农业科技的财政支持。要集中力量加大对企业技术攻关、技术改造和技术推广体系建立的资金支持，鼓励和支持企业引进新品种、新设备、新技术、新工艺，面向基地和农户进行技术示范推广，鼓励和支持有条件的企业加大对培养专业科技人员的投入，采取多种形式组建自己的科研和技术开发机构，使企业成为技术创新的主体，使企业获得持续的竞争优势。

（二）以建立现代企业制度为核心，提高经营管理水平

根据发展社会主义市场经济的要求，加快建立和完善“产权清晰、权责明确、政企分开、管理科学”的现代企业制度，将企业从以计划为导向转变为以市场为导向，由政府的附属物转变为依法自主经营、自负盈亏、自我发展、自我约

束的商品生产者和经营单位，成为独立享有民事权利和承担民事义务的企业法人，鼓励他们从各个方面不断努力提高企业的经营管理水平。

1. 加强农业企业家的素质培养

企业家作为一个企业的灵魂和企业战略的决策者，企业家的素质在很大程度上决定了企业未来的发展前景。在竞争环境复杂多变的情况下，现代农业企业家要不断加强自身素质的提升，加强学习先进的管理方式、方法，并激发企业家的管理创新意识，使有限的资源得到有效的合理的运用，能够将产品、产业、市场作为一个整体来把握，不断培养企业资本经营的意识和能力，以系统的思路、全新的观念去把握知识经济时代的脉搏。

2. 营造良好的企业文化

企业文化代表着企业的整体素质，它以价值观、企业精神和企业道德规范为核心和基础，以企业环境、企业组织机构、企业制度为主要特征。通过在企业中积极地倡导和创造符合时代特点的、有个性和特色的企业文化，并通过企业文化强烈的感召力，来引导员工实行自我管理，充分调动员工的主动性、积极性和创造性。

3. 充分开发人力资源

企业要坚持“唯才是用，委以重任”的原则，对高新技术科研人员采取“成功有奖、失败不责难、科研经费不受限”的政策来推动企业的技术科技进步，对企业员工要适时加强素质培训，不断更新知识，提高员工的综合业务能力。

二、加快农民专业合作经济组织建设

国际合作运动的经验表明，在国际和国内市场形势严峻，外部环境对商品化农业发展不利的情况下，农民往往倾向于组织起来开展各种形式的联合与合作，以便与市场中的各种经济力量相抗衡，以较低成本、较快捷的方式整体进入市场。但中国农民合作组织从整体上看还存在着诸如发育和成长缓慢、数量少、规模小、合作水平低、辐射带动能力较弱、抵御市场风险的能力也不够强、法律地

位不明确等一些突出问题。

因此，要以市场需求为导向，以家庭承包经营为基础，以增加农民收入为目的，充分发挥各地资源优势，因地制宜，培育支柱产业，稳步推进农民合作组织向多模式、多功能、网络化、区域化、专业化的方向健康发展。要加快建立农民合作组织风险防范机制，帮助农民合作组织，建立农业生产、营销风险防范金，并按损失的一定比例给予社员补贴。制定优惠政策，通过资金扶植、政策优惠等方式加快农民专业合作经济组织发展，把分散的农户组织起来，增强抵御市场风险的能力。促进农民专业合作经济组织与外商投资企业对接，化解外商投资面对分散的农户家庭经营时进入壁垒高、谈判成本和组织成本等交易费用大的矛盾。要通过抓服务质量的提升，更好地发挥其在农村经济建设中的社会效益作用，为农民合作组织的成员提供产前、产中、产后的各种服务，特别是农业生产、农产品销售、储藏、运输、加工，农业信息、保险和信用合作等各个方面的服务，多发展加工和销售型方面的农民合作组织，有效拉长产业链。真正办成“民办、民管、民受益”的合作组织，从而促进农民收入稳步增长。

第六节　注重外资引进质量，提高农业利用外资效率

一、注重外资质量，引进先进的技术

中国农业利用外资应将重点放在农村的综合开发和农业新技术的引进上，以提高农业生产效率，改善农民生活和发展农村生产力。一般说来，大型跨国公司更注重对技术研发的投入，其技术水平也相对较高，东道国也就更有可能获取技术转移。目前中国主要以港、澳、台地区的小规模外商直接投资为主，这些投资往往倾向于优惠的政策，科技含量不高，不利于中国的技术转移效应。所以在今后要重点引进那些科技实力雄厚的跨国大公司企业的投资。

对于农业技术本身，要鼓励跨国公司在中国建立农业技术研发中心，以促进技术研发本土化。农业利用外资必须注意吸收先进的技术，如生物技术、土壤改良技术、种植栽培技术、良种培育技术等；大力引进国际市场上需求的名、特、

稀、优品种和其开发技术。降低农药残留技术、农副产品加工、保鲜、包装技术，重视设备、技术的引进、消化和推广。要尽可能多地把外商引入中国广大的农村乡镇，通过各产业在农村的关联效应，带动当地农村劳动力就业，提高经济效益，促进农村生产力发展。此外，要尽可能多的争取国际组织的农业贷款援助。这些援助贷款利率优惠，偿还期长，特别是能为中国边远地区开发、落后的农业技术改进等这类难以吸引外商直接投资的领域提供资金和技术支持，实现多渠道引进、全方位利用的长效机制。

二、提高中国农业利用外资的效率

提高中国农业利用外资的效率，要在引进外资的同时，考虑农业投资的特点，量力而行进行合理安排引进。各级地方政府，在申请引进外资时，就应对自有资金的配套承受能力、吸收消化能力、预期效益、偿还能力等一系列问题，经过认真研究分析后，再做出科学的决策。要改进省市的农业外资项目的管理体制。国家级别的农业外资项目的管理有统一的归口单位，省市级别的目前暂没有，所以有必要明确省市级的相关部门之各自责任和业务范围，或成立专门的外资管理中心，承担宏观管理方面的协调工作，逐步做到项目自上而下的管理规范化，统一调配，从而在一定程度上互相抵消风险，避免重复引进，使资金得到最有效的充分运用。

第七节　充分利用 WTO 政策，加强农业保护

面对农业发展的新形势，在加大农业领域利用外资的同时，应采取新的措施加强对国内农业的支持和保护，提高农产品国际竞争力。2007 年中国的国内生产总值已达到 24.66 万亿美元，增幅为 11.4%，但农业支出的比重仅为 7%，而中国在 WTO 框架内可运用的农业支持的空间还很大。2002 年以来，中国政府对农业支持实施多予的方针，增加对农业支持的投入，包括粮食直接补贴、良种补贴、农机具购置补贴，以及增加农田基本建设投入、加强农业公共服务等，但中

国的国内支持水平一直都很低，很多农产品为负保护，因此中国在“黄箱”政策与“绿箱”政策的运用空间还很大。完善农业投入体系，加强对农业支持的力度。

因此，国民收入的分配格局应进一步向有利于农业持续发展的方向调整，增加财政对农业的投入力度，确保国家新增财力向农业倾斜；充分利用 WTO 所赋予的政策空间和国内经济发展的有利时机，扩大农业投入的规模，提高中国农业支持水平。同时应制定相关法律，以确保财政支农资金总量逐年提高，且财政支农资金的增长幅度高于财政经常性预算收入增长的速度。

第八节　拓宽农业利用外资的渠道和方式

在农业吸引外资渠道上，要在尽可能多地争取和利用无偿援助、优惠贷款的同时，努力开拓和利用新的外资、外援渠道，主要是开拓民间资本和国际商业资本；在外资的来源国上，除了传统的日、韩，以及东南亚等国家和地区以外，要大力鼓励欧、美、加拿大、澳大利亚等农业生物技术发达国家和地区的外商投资中国农业，以此带动中国农业生产和农产品加工技术水平的提高；在农业利用外资方式上，可以采用项目融资、BOT、经营权转让、收购兼并等方式吸引外商投资农业领域。同时，积极推动产业投资资金和风险投资在农业领域的试点。建立农业利用外资项目库，定期对外公布重点招商项目名单，广泛采用上门招商、中介招商、委托招商、网络招商、以商招商等方式，扩大农业利用外资规模。

第九节　建立完善外资引进安全预警机制

要辩证地对待外资对中国农业企业的并购问题，一方面要积极利用外资对我们农业产业发展的促进作用，另一面又要建立农业产业安全预警体系预防农业产业风险、维护农业产业安全。为了更好地衡量农业产业安全状态，加快建立和完善外资引进安全预测、预警机制。要在农业产业安全评价的基础上，通过安全预

测机制对并购以后国内市场占有率，对国内产业竞争力的影响，对国内能源资源的影响，对国内就业、产业效率、技术开发的影响，是否涉及国防安全的产业，是否对恐怖势力存在潜在支持等方面的科学预测。注重对收购公司的尽职调查，谨防恶意收购。当外资并购威胁到国内农业产业安全时，及时通知相关部门和经济单位，并快速制定相应的应对措施，减少此次外资并购对本国农业产业的影响，最大程度上维护和保障农业产业安全。

此外，还要建立外资并购中国农业企业的诚信和业绩评估体系。对于评估不达标的收购公司，要责令其限期整改，要取消其进行后续并购中国农业企业的资格。同时，营造并购方互相竞争的局面，导入相应的竞争机制，使中方在未来的谈判中处于有利地位，实现国有资产的保值增值。

第十节　落实农业利用外资中的配套资金

农业利用国际资本的投向要坚持与中国农业发展方向一致，与国内投资相配合，同时要符合不同渠道的权益和要求。在政策上外资项目的国内配套资金要有固定的来源，并尽可能纳入财政预算；在国家综合部门建立国家利用外资国内配套基金，改善配套投资紧缺的状况；坚持多渠道筹措资金，调动各方面的积极性，引导各方面资金向农业投入；加强国家财政资金在配套投资中的引导作用，利用国家财政资金在配套中的特殊地位，引导已承诺的地方资金，约束地方财政按计划兑现配套投资。

参考文献

毕红毅，刘烨，刘斌 . 2010. 中国农业利用外商直接投资问题研究 . 山东经济，(3)：130 ~ 135

蔡红 . 2001. 中国外资并购立法模式研究 . 国际经贸探索，(5)：30 ~ 32

蔡金华，刘照亭，王敬根，等 . 2009. 实施品牌战略发展现代农业 . 上海农业学报，(3)：102 ~ 105

蔡瑞 . 2009. 金融危机后跨国公司的全球化战略思考 . 中国城市经济，(10)：85 ~ 86

陈东琪，张汉亚，石康，等 . 2009. 美国金融危机及经济政策走向 . 宏观经济管理，(2)：25 ~ 27

陈国宏 . 2000. 中国工业利用外资技术进步关系研究 . 经济科学出版社：50 ~ 53

陈建南 . 2001 . 发展中国家对外直接投资理论述评 . 经济学动态，(2)：19 ~ 22

陈清泰，杨永华 . 1999. 利用外资与维护国家经济安全 . 中国发展出版社：28 ~ 31

陈清泰，张碧琼 . 1999. 国际资本流动与对外贸易竞争优势 . 中国发展出版社：21 ~ 24

陈贤银 . 2010. 基于产业安全视角的我国农业产业外资并购效应研究 . 西南大学博士学位论文

陈艳娇，乔娟 . 2005. 中国农业利用外资的现状、存在问题及对策分析 . 世界农业，(2)：8 ~ 11

程池，刘海云 . 2000. “入世” 对中国海外投资的影响与对策 . 国际贸易问题，(9)：3 ~ 5

程宏 . 2001. 利用外资促进中国产业结构升级的新思路 . 南方经济，(4)：28 ~ 29

程惠芳 . 1998. 对外直接投资理论演变与发展 . 经济学动态，(6)：16 ~ 18

程培罡 . 2002. 中国农业利用外资规模偏小的理论再思考 . 经济问题探索，(11)：101 ~ 105

储祥银 . 1993. 国际经济合作实务 . 对外经济贸易教育出版社：75 ~ 80

储祥银 . 1995. 中国对外直接投资现状及其管理探讨 . 国际贸易问题，(2)：25 ~ 28

崔新健 . 2001. 外商对华直接投资的决定因素 . 中国发展出版社：70 ~ 73

杜惟毅 . 2001. 利用外资与保护民族产业的发展 . 财经理论与实践，(3)：9 ~ 10

杜鹰 . 2001. 农村发展战略与产业政策 . 中国农业出版社：21 ~ 24

杜鹰 . 2001. 农村金融与信贷政策 . 中国农业出版社：25 ~ 31

杜鹰 . 2001. 农业结构调整与区域政策 . 中国农业出版社：24 ~ 32

杜鹰 . 2001. 农业投入与财税政策 . 中国农业出版社：63 ~ 68

杜鹰 . 2001. 农业现代化与可持续发展 . 中国农业出版社：72 ~ 80

樊志英，喻世友 . 2000. 论引资目的模糊化问题 . 国际贸易问题，(7)：18 ~ 23

范春辉 . 2006. 全球化背景下跨国公司的政治功能研究 . 南京大学出版社

范振洪，李鲁生 . 2001. 山东省农业积极合理有效利用外资的对策研究 . 体制改革，(9)：26 ~ 30

方晓，姜萍 . 2000. 当前外商投资减少的原因及对策 . 国际经贸探索，(2)：21 ~ 22

房东 . 2001. 浅析“入世”对中国外资税收优惠制度的影响 . 国际经贸探索，(2)：9 ~ 14

付荣，麻锦亮 . 2010. 论外资审批的效力 . 法律适用，(1)：26 ~ 29

傅梦孜 . 1999. 世界直接投资——发展、理论与现实 . 时事出版社：30 ~ 33

高闯 . 2001. 经济政策的博弈论分析 . 经济管理出版社：85 ~ 95

高峰，高勇 . 2001. 浅析博弈论在农业经济学中的应用 . 农业经济问题，(7)：15 ~ 18

高鸿业 . 2000. 西方经济学 . 中国人民大学出版社

高静美 . 2001. 几种新国际融资方式对比分析 . 对外经贸实务，(8)：9 ~ 14

高君华 . 2008. 外商直接投资对中国镁业的影响和风险分析 . 沈阳工业大学学位论文

高峻，夏维奇 . 2001. 厦门特区利用外商直接投资探析 . 特区经济与港澳台经济，(4)：35 ~ 37

耿志民 . 2001. 论“合格的外国机构投资者制度”与资本安全 . 经济纵横，(12)：14 ~ 16

郭克莎 . 2000. 外商直接投资对中国产业结构的影响研究 . 管理世界，(2)：17 ~ 19

郭晓亭，蒲勇健，林略 . 2004. 风险概念及其数量刻画 . 数量经济技术经济研究，(2)：111 ~ 115.

郭秀君 . 2001. 中国“入世”后应调整利用外资政策 . 国际经贸，(1)：7 ~ 8

郭秀君 . 2002. 入世与中国利用外资新战略 . 经济日报出版社：52 ~ 57

国家统计局 . 2011-03-09. 2010 年中国科技统计 . http：//ishare. iask. sina. eom. cn/f/13868391. html

郝红梅 . 2010. 中国的外商投资环境究竟怎样 . 世界知识，(9)：52 ~ 54

郝利 . 2006. 改革开放以来中国农业利用外资的状况分析 . 财贸研究，(6)：145 ~ 146

贺梅英 . 2005. 服务业外商直接投资与广东经济增长的实证分析 . 华南农业大学学报，(2)：12 ~ 16

贺倩茹 . 2010. 后危机时代中国外商直接投资新趋势与外资政策创新 . 国家行政学院学报，(4)：64 ~ 68

胡景岩 . 2001. 中国加入 WTO 新形势下的吸收外商投资政策 . 经济导刊，(6)：17 ~ 23

胡立法 . 2001. 新时期中国引进外商直接投资的重新定位 . 世界经济研究，(3)：2 ~ 5
胡庆斌 . 2007. 中国农业利用 FDI 主要方式及效应分析 . 同济大学博士学位论文
胡宣达，沈厚才 . 2001. 风险管理学基础——数理方法 . 南京：东南大学出版社：12 ~ 15
华树春 . 2012. 中国农业利用外资的现状、趋势与对策研究 . 世界农业，(4)：73 ~ 77
黄华民 . 2001. 外商直接投资与中国实质经济关系的实证分析 . 国民经济管理，(2)：17 ~ 24
黄维梁 . 2000. 中国服务企业对外直接投资策略 . 国际贸易问题，(10)：7 ~ 13
黄晓玲 . 2001. 外商直接投资与对外贸易的相互关系及其对工业化演进的影响——理论分析与对中国的实证考察 . 财贸经济，(9)：25 ~ 28
黄益平 . 2009. 美国金融危机与中国经济增长前景 . 国际金融研究，(1)：32 ~ 35
惠恩才 . 2010. 利用 FDI 发展中国现代农业的思考 . 农业经济问题，(7)：82 ~ 86
贾康 . 2010-04-23. 应加大最终分配结果中居民收入占比 . http：//finance. sina. com. cn/roll/20100423/21557817906. shtml
江娟 . 2010. 中国农业利用 FDI 30 年实践分析 . 现代商贸工业，(21)：31 ~ 32
江小涓 . 1999. 利用外资对产业发展的促进作用——以发展中国家为背景的理论分析 . 中国工业经济，(2)：10 ~ 14
江小涓 . 2001. "十五" 中国对外投资趋势研究：全球背景、投资规模与重点选择 . 国民经济管理，(6)：25 ~ 32
江小涓 . 2001. 利用外资领域的理论研究 . 经济学动态，(3)：11 ~ 17
江小涓 . 2002. 2001 年外商对华投资分析及 2002 年前景展望 . 管理世界，(1)：18 ~ 19
焦方义，刘立娜 . 2009. 全球金融危机下的中国经济走势分析 . 理论探讨，(1)：79 ~ 83
金戈，杨柳勇 . 2001. 不同国家和地区利用外资政策的比较及启示 . 国际贸易问题，(5)：24 ~ 27
金雯 . 2008. 江苏现代农业发展现状与对策建议 . 江苏农业科学，(2)：13 ~ 15
金新亮 . 2001. 外商投资对中国经济体制变迁的利弊分析 . 国民经济管理，(6)：18 ~ 26
赖明勇，包群 . 2001. 外商直接投资研究进展述评 . 国际经贸探索，(6)：42 ~ 43
赖瑞华 . 1991. 中国农业资金问题研究 . 中国人民大学出版社：163 ~ 180
李丽 . 2001. 外商直接投资与中国经济增长的实证分析 . 经济学动态，(12)：14 ~ 17
李霄，罗余才 . 2001. 中国国际直接投资发展趋势的分析 . 经济学动态，(7)：6 ~ 7
李艺，刘文海 . 2003. 中国风险投资战略与制度 . 北京：中国财政经济出版社：319 ~ 322
李月云 . 2002. 台商农业投资新趋势与两岸农业投资合作构想 . 国际贸易问题，(3)：62 ~ 64

连涟 . 2000. “入世”后中国境外直接投资的发展策略 . 经济纵横，(9)：24 ~ 29
联合国贸易和发展会议 . 2011-03-01. 2009 年世界投资报告 . http：//doe. mbalib. eom/view/b469315631d6eecdlsmgd7442e40ge3. html
廉鹏飞，曲峰 . 2001. 跨国并购的发展及其对东道国的影响 . 国际贸易问题，(6)：25 ~ 29
练明澄 . 1993. 对外直接投资中产品生命周期理论新结构 . 国际贸易问题，(7)：18 ~ 21
梁謇 . 2008. 农业国际化效应探析 . 理论探讨，(3)：91 ~ 93
林创水 . 2001. 充分利用外资发展农业农村经济 . 农村经济，(4)：15 ~ 17
林其屏 . 2001. “入世”后台商投资内地的变化趋势 . 国际经贸探索，(5)：9 ~ 12
林孝文 . 2000. 价值链分析：跨国公司对发展中东道国经济影响的透视 . 国际经贸探索，(1)：11 ~ 13
林孝文 . 2000. 跨国公司对华产业控制内因分析 . 国际经贸探索，(4)：26 ~ 30
林毅夫，海闻，平新乔 . 2000. 中国经济研究 . 北京大学出版社：31 ~ 32
林毅夫 . 1994. 制度、技术与中国农业发展 . 上海人民出版社：52 ~ 56
刘宝宏 . 1997. 中国农业利用外资问题探讨 . 对外经贸实务，(4)：14 ~ 18
刘光卫，马亚华 . 2000. 上海市对外直接投资与产业国际竞争力研究 . 国际经贸探索，(2)：14 ~ 18
刘合光 . 2009. 中国农业利用外资现状与展望 . 农业展望，(11)：35 ~ 39
刘红忠 . 2001. 中国对外直接投资的实证研究及国际比较 . 复旦大学出版社：20 ~ 22
刘慧宇 . 2000. 利用国际风险资金，发展中国高科技产品 . 国际贸易问题，(9)：18 ~ 20
刘李胜，万建伟 . 2001. 利用外资新方式 . 企业管理出版社：61 ~ 70
刘茂荣，李佳 . 2005. 中国农业利用外资的现状、问题及对策 . 广东农业科学，(4)：18 ~ 21
刘淑芳 . 2001. 试论利用 BOT 方式兴建中国西部基础设施 . 经贸导刊，(3)：17 ~ 19
刘湘平 . 2001. 跨国并购应该成为中国利用外资的主要形式 . 中国对外贸易，(7)：16 ~ 18
刘跃生 . 1999. 国际直接投资与中国利用外资 . 中国发展出版社：34 ~ 37，50 ~ 58
卢进勇 . 2001. 入世与中国利用外资和海外投资 . 对外经济贸易大学出版社：25 ~ 28
卢迈，于保平，赵燕 . 1999. 港商在内地农业投资的现状与前景 . 管理世界，(4)：137 ~ 139
卢荣忠 . 2001. 入世对中国吸引外商直接投资的影响 . 中国经济问题，(1)：21 ~ 25
卢圣亮 . 1999. 外资政策协调论 . 经济科学出版社：60 ~ 63
吕立才，高玉荣，黄祖辉 . 2007. 中国农业利用外商直接投资的现状、问题及政策 . 经济问题，

(1)：76 ~ 78

吕立才，熊启泉 . 2010. 中国农业利用 FDI 30 年：实践及理论研究进展 . 国际贸易问题，(2)：83 ~ 90

吕亚荣 . 2000. 农地租赁利用外资的新形势 . 中国改革，(6)：26 ~ 28

罗松远 . 2010. 农业利用外资的制约因素及解决措施 . 改革与战略，(8)：91 ~ 93

罗智波 . 2009. 中国利用外资的形势与对策 . 社会科学研究，(5)：44 ~ 46

马克思 . 2009. 资本论 . 郭大力，王亚南译 . 上海三联书店

马龙图 . 2000. 利用外资简明教程 . 对外经济贸易大学出版社：39 ~ 42

马歇尔 . 1986. 货币、信息与商业 . 叶元龙，郭家麟译 . 商务印书馆

马宇 . 1999. 实现第二次战略转变——面向 21 世纪的中国利用外资战略 . 国际贸易，(9)：15 ~ 19

马宇 . 2002. 入世利好短期有限——2002 年吸收外商投资发展趋势预测 . 国际经贸消息，(1)：18 ~ 23

曼昆 . 1998. 经济学原理 . 北京大学出版社

毛蕴诗 . 1997. 跨国公司战略竞争与国际直接投资 . 中山大学出版社：40 ~ 43

茅于轼 . 2001. 限制非农用地的政策后果 . 中国改革，(8)：24 ~ 26

孟刘伟 . 2012. FDI 对我国农业发展的影响研究 . 现代商业，(6) ：146 ~ 148

苗珊珊 . 2006 . 我国农业利用外资问题研究 . 西北农林科技大学

苗永敏 . 1998. 中国利用外资中的国民待遇问题及对策思考 . 南京经济学院学报，(5)：65 ~ 68

聂名华 . 2000. 中国发展跨国购并投资的对策思考 . 国际贸易问题，(3)：4 ~ 9

聂名华 . 2001. 试论中国发展境外直接投资的理论依据 . 财贸经济，(1)：18 ~ 20

聂名华 . 2001. 中国发展境外直接投资的比较优势分析 . 世界经济文汇，(1)：24 ~ 26

牛勇平 . 2001. 国际直接投资与中国就业量之间的关系 . 经济学动态，(11)：25 ~ 30

潘锐，娄亚萍 . 2010. 中美双边投资保护协定谈判的演进与发展 . 国际观察，(1)：60 ~ 65

潘伟光 . 2001. 对若干国家对外投资政策的分析 . 国际贸易问题，(5)：17 ~ 25

潘益兴 . 2000. 在华外商直接投资对中国对外贸易的实证研究 . 复旦大学博士学位论文

潘英丽 . 1997. 有效利用外资理论研究 . 华东师范大学出版社：13 ~ 18

潘勇辉 . 2006. 外资并购中国农业类上市公司实证分析 . 商业时代，(1)：65 ~ 66

彭继民，史月英 . 2001. 国际直接投资理论的发展与中国的对外投资 . 宏观经济研究，(2)：20 ~ 24

秦富，李宇彤，张吉祥，等.2002. 中国农业利用外资的效果与经验分析. 农业经济问题，(4)：48～53

秦路，李嘉莉.2009. 外资并购对中国农业发展的影响和对策. 世界农业，(1)：4～7

任敬华.2009. 农业利用外资的环境因素和完善对策. 湖北农业科学，(4)：180～181，1022～1024

桑百川.2009. 在金融危机中谋求利用外资的突破. 国际贸易，(5)：55～58

邵桂兰，胡家强.2000. 浅谈入世与吸引外商直接投资. 国际贸易问题，(11)：4～5

佘雪锋.2008. 浙江外商直接投资技术外溢效应实证研究. 哈尔滨商业大学学报（社会科学版），(4)：20～24

沈杰，赵进，李战军.2001. 外商直接投资优惠政策的国际协调. 国际贸易问题，(1)：22～24

宋启道，方佳，李玉萍，等.2009. 基于农业产地环境下的农业风险评估探讨. 中国农学通报，(24)：459～463

苏定东.2010. 基于知识价值链模型提升利用外资水平. 中国经贸导刊，(1)：96

孙飞.2010. 外资将激发国内经济活力. 企业研究，(8)：2～3

孙烽，曹沛峥.2000. 中国利用外资结构性问题的探讨. 国际贸易问题，(10)：8～11

孙晋，余喆.2010. 我国外资并购反垄断规制的不确定性及对策——从被禁止的可口可乐并购汇源案谈起. 东方法学，(3)：96～108

泰州市招商局.2009-10-23. 建设社会主义新农村泰州市农业利用外资调研报告. http://www.longkou.net.cn/2009/1023/6895.html

谭露，黄明华.2008. 基于价值链视角下中国农业产业集群升级研究. 农业经济与科技，(7)：30～31

谭秋成.1993. 发展中国家农业利用外资的数量与形式. 中国农村经济，(5)：10～12

谭秋成.1993. 中国农业利用外资的经验和策略. 中国农村经济，(11)：17～22

汤小华.1999. 外商投资企业国民待遇的实施现状与调整策略. 浙江社会科学，(6)：26～29

唐立新.2007. 中国农业利用外商直接投资的几个问题. 经济纵横，(17)：39～40

唐立新.2008. 中国农业引进外商直接投资现状、问题及对策分析. 安徽农业科学，(4)：1665～1667

唐雪丹，俞海山.2009. 关于FDI与污染密集型产业转移的探讨——以浙江省为例. 经济论坛，(5)：61～63

田佳妮 . 2009. 中国农业利用外资研究 . 中国农业科学院硕士学位论文
汪宁 . 2010. 农业政策和环境政策的相互影响及协调发展 . 软科学，(1)：41 ~ 45
汪涛 . 2000. 跨国公司转移价格管理的博弈分析 . 国际经贸探索，(5)：27 ~ 30
汪滔，桑赓陶 . 2000. 我们能允许外资占有多少中国市场——从“市场换技术”角度探讨 . 国际贸易问题，(12)：23 ~ 25
王保利，林筠 . 2000. 产业生命周期理论对我企业国际化经营启示 . 国际经贸探索，(5)：15 ~ 19
王辉耀 . 2010. 中国经济模式“全解读” . 中国经贸，(4)：50 ~ 53
王家庭 . 2001. 从优惠政策到国民待遇：利用外资政策的新转变 . 经济战略研究，(12)：61 ~ 62
王凌远 . 1996. 外商直接投资影响中国国际收支的若干因素分析 . 东北财经大学出版社：45 ~ 47
王洛林，裴长洪，卢圣亮 . 1997. 中国外商投资状况与发展趋势 . 财贸经济，10：16 ~ 23
王钦，任荣明 . 2001. 外商投资结构变化带来的几个问题 . 经济与管理研究，(1)：3 ~ 5
王全春 . 2008. 产业转移与中部地区产业结构研究 . 人民出版社
王绍媛 . 2001. 中国利用外商直接投资前景展望 . 财经问题研究，(5)：11 ~ 13
王维芳 . 1999. 中国利用外商直接投资的特点、存在问题及政策调整管窥，国际贸易问题，(10)：11 ~ 12
王锡桐 . 1999. 中国农业利用外资的问题及对策 . 经济体制改革，(5)：9 ~ 10
王星 . 2005. 中国农业利用外资中存在的问题及建议 . 安徽农学通报，11 (4)：20 ~ 21
王亚平 . 1999. 国有企业改革对利用外资的影响 . 国际贸易问题，(7)：6 ~ 7
王志，董雅慧 . 2010. 美国农业发展的经验对中国农业的启示 . 东南亚纵横，(11)：108 ~ 111.
王志丹 . 2009. 跨国种业公司对中国种子产业的冲击及对策 . 世界农业，(5)：6 ~ 8
王志乐 . 2010. 跨国公司中国报告 . 中国经济出版社
卫新江，张建红，张书汉 . 2001. 中国的投资环境与利用外资政策：基于提高企业竞争力的分析 . 国际贸易问题，(8)：16 ~ 19
魏后凯 . 2002. 外商直接投资对中国区域经济增长的影响 . 经济研究，(4)：19 ~ 25
魏后凯，贺灿飞，王新 . 2001. 外商在华直接投资动机与区位因素分析 . 经济研究，(2)：34 ~ 35
温耀庆，陈泰锋 . 2001. 论引进外资与国家经济安全 . 国际贸易问题，(2)：41 ~ 43
邬爱其 . 2001. 农业利用外资需要机制创新 . 调研世界，(5)：36 ~ 38
吴丰 . 2001. 外商直接投资的聚集效应分析和吸引外资的新取向 . 外国经济与管理，(11)：24 ~ 26
吴丰 . 2001. 外商直接投资与聚集效应 . 经济学动态，(6)：7 ~ 11

吴国新，李竹宁，陈红进 . 2001. 外商直接投资与中国经济增长的相关性研究 . 外国经济与管理，(8)：31 ~ 35

武剑 . 2002. 外国直接投资的区域分布及其经济增长效应 . 经济研究，(4)：27 ~ 34

肖政，维克特・盖斯特勒格 . 2001. 影响外商直接投资的因素：兼论中国沿海与西部地区差别 . 世界经济，(3)：26 ~ 28

谢方敏 . 2000. 企业对外投资必须考虑国际环境中不同的因素 . 经济问题，(3)：18 ~ 22

谢识予 . 1997. 经济博弈论 . 复旦大学出版社：78 ~ 82

谢昭琼 . 2001. 并购：中国吸引跨国公司直接投资的新型定位 . 经济与管理研究，(6)：17 ~ 18

熊性美 . 2002. 新形势下更好地利用外资 . 瞭望新闻周刊，(17)：35 ~ 37

徐运保，陈辉 . 2010. 中国农业利用外商直接投资的现状和对策 . 宏观经济管理，(12)：35 ~ 36

许晓峰 . 1996. 国际投资经济理论与实践 . 人民交通出版社：17 ~ 19

亚当・斯密 . 2010. 国富论 . 孙善春，李春长译 . 中国华侨出版社

严兵 . 2000. 浅析外资对中国企业的并购问题 . 国际贸易问题，(12)：6 ~ 12

严华明 . 2000. 带着“蜂蜜”引“蜜蜂”——刍议以优惠政策吸引外商投资 . 国际贸易问题，(4)：25 ~ 27

晏正君 . 2001. 上海市利用外商直接投资的变化与影响 . 世界经济研究，(1)：28 ~ 31

杨承训 . 2008. “深化收入分配制度改革”的经济学解析——兼论以初次分配为重点架构中国特色社会主义分配理论 . 经济学动态，(8)：64 ~ 69

杨怀宇，高丽华 . 1993. 借鉴发展中国家跨国企业经验拓展中国海外投资 . 国际贸易问题，(3)：20 ~ 21

杨健龙 . 2000. 关于外商投资与外资政策的博弈分析 . 经济科学出版社：24 ~ 27

杨建龙，孙建中 . 1997. 外资利用中的博弈行为与优惠政策的调整 . 生产力研究，(3)：40 ~ 43

杨丽丹 . 2001. 论东南亚金融危机对中国利用外商直接投资的影响 . 金融论坛，(3)：50 ~ 52

杨清 . 2001. 国际直接投资新发展 . 中国软科学，(7)：8 ~ 12

杨清 . 2001. 跨国公司对外投资以及中国利用外资新形势分析 . 国际贸易，(7)：18 ~ 23

杨申燕，姚艳虹 . 2001. 跨国企业人力资本投资的人为风险及其管理 . 国际贸易问题，(6)：17 ~ 19

杨拖 . 2000. 外商直接投资对中国进出口影响的相关分析 . 世界经济，(4)：15 ~ 19

杨卫东 . 2000. 中国现行外资法与 TRIMS 协议的对比分析 . 国际经贸探索，(4)：8 ~ 9

杨先明 . 2000. 发展阶段与国际直接投资 . 商务印书馆：25 ~ 30

杨秀琴，熊启泉 . 2005. 广东对外贸易与经济增长关系的协整分析 . 华南农业大学学报，(2)：71 ~ 77

杨永华 . 2002. 外商直接投资农业与农业发展 . 南京社会科学，(3)：11 ~ 15

杨勇，武晓韵 . 2000. 日中对外直接投资发展的比较研究 . 国际贸易问题，(5)：28 ~ 33

姚炳川 . 2001. 中国即将“入世”：外商投资前景和对策 . 经济工作导刊，(7)：4 ~ 5

姚晴霞 . 2009. 中国农业利用外资的制约因素与对策 . 经济研究导刊，(34)：186 ~ 187

叶军 . 2007. 中国利用外资研究 . 中国商务出版社，184 ~ 199

易学玲 . 2001. 引进外商直接投资的风险防范 . 财经理论与实践，(3)：8 ~ 9

尹成杰 . 2001. 农业产业化经营是提高农业竞争力的重要途径 . 农业经济问题，(2)：2 ~ 7

于光军 . 2009. “金融危机”下的经济形势 . 社会展望，(1)：32 ~ 33

于蕾 . 2010. 金融危机以来外资在中国区域分布的新态势 . 上海经济研究，(5)：42 ~ 49

余海丰，冯忠铨 . 2001. 二战后国际直接投资理论的发展演变 . 国际经贸探索，(2)：18 ~ 24

俞灵燕 . 2001. 开展海外投资需要政府支持 . 国际贸易问题，(8)：23 ~ 25

喻平 . 2001. 发展中国跨国经营的战略思考 . 国际贸易问题，(7)：24 ~ 28

袁园 . 2011. 中国农业利用外资的影响因素及其风险分析 . 安徽大学硕士学位论文

约翰 · 邓宁 . 1993. 重估外商直接投资的利益 . 国贸问题，(10)：21 ~ 24

臧新，王红艳 . 2008. 农业外商直接投资地区集聚状况的实证研究——以江苏省为例 . 国际贸易问题，(5)：109 ~ 113

曾光 . 2005. 外商直接投资风险度量体系的建立及对中国的实证研究 . 浙江大学硕士学位论文

张彩霞，肖望喜 . 2012. 我国农业外商直接投资结构变动分析 . 特区经济，(6) ：151 ~ 152

张彩霞 . 2010a. 外商在华农业投资区位选择的实证分析 . 财经论丛，(3)：1 ~ 6

张彩霞 . 2010b. 中国农业外商直接投资贸易效应研究 . 华中农业大学学位论文

张春光 . 2009. 改革开放 30 年：中国利用外资政策的回顾 . 生产力研究，(17)：44 ~ 46

张德修 . 2001. 入世后的中国外商直接投资结构变化趋势探析 . 经济科学，(6)：24 ~ 29

张锋 . 2001. 2001 年中国利用外资形势分析及 2002 年展望 . 经济问题，(12)：20 ~ 23

张国亭 . 2002. 入世与中国利用外资战略调整 . 经济界，(2)：68 ~ 70

张国亭 . 2009. 进一步提高农业利用外资水平的政策建议 . 中国农村小康科技，(5)：8 ~ 9

张建华 . 2009. 中国现代农业问题研究进展 . 经济经纬，(6)：115 ~ 118

张建华 . 2011. 中国农业利用外资的态势、问题与对策研究 . 现代商贸工业，(17)：91 ~ 92
张军 . 1996. 现代产权经济学 . 上海人民出版社
张磊 . 2000. 加入 WTO 与中国外资政策的调整 . 现代经济探讨，(8)：55 ~ 56
张世贤 . 2000. 中国引资发展战略研究 . 天津人民出版社：45 ~ 51
张旭，杨运杰，吴疆 . 2001. 资本流动与招商引资 . 中国发展出版社：62 ~ 73
张毓茜 . 2001. 外商直接投资对中国对外贸易影响的实证分析 . 世界经济文汇，(3)：27 ~ 31
张远鹏 . 2001. 利用外资与中韩两国的现代化 . 国民经济管理，(12)：18 ~ 23
张志元 . 1998. 国际直接投资新理论介评 . 世界经济研究，(3)：13 ~ 15
章昌裕 . 2001. 警惕 IFI——外商直接投资市场的超级杀手 . 对外经济贸易大学出版社：80 ~ 86
赵晋平 . 2001. 利用外资与中国经济增长 . 人民出版社：37 ~ 41
赵晋平 . 2010. 迎接后危机时代，国际金融危机背景下的中国经济走向 . 经济科学出版社
赵培文 . 2005. 中国利用外资的风险控制指标体系 . 改革，(12)：14 ~ 16
郑洪涛，李建民，张蕙杰 . 2001. 农业利用外资的国际经验 . 农业经济问题，(7)：15 ~ 17
郑李子 . 2008. 应对美国金融危机的中国宏观经济政策 . 粤港澳市场与价格，(12)：14 ~ 18
郑思奋 . 1998. 发展对外直接投资，促进中国经济走向世界 . 福州大学学报（社会科学版），(2)：15 ~ 20
周维富 . 2000. 农业利用外商投资与产业结构调整 . 经济研究参考，(21)：51 ~ 54
周宇，杨亚非 . 1999. 欧元启动对中国利用外资的影响 . 经济界，(1)：7 ~ 9
周忠菲 . 2001. 外资流入对两岸经贸合作的意义及其启示 . 世界经济研究，(5)：16 ~ 17
朱邦宁 . 2008. 增强信心，从容应对全球金融危机 . 经济观察，(12)：32 ~ 33
朱道华 . 1981. 农业经济学 . 中国农业出版社：29 ~ 33
朱金生 . 2001. 对外直接投资与经济增长的关联及启示 . 经贸导刊，(2)：15 ~ 18
朱丕荣 . 2009. 改革开放 30 年中国农业对外交流与合作 . 世界农业，(1)：1 ~ 6
朱淑珍 . 2002. 金融创新与金融风险 . 上海：复旦大学出版社：101 ~ 103
朱晓清 . 2001. 利用外资与金融风险防范 . 华文出版社：35 ~ 37
竺彩华 . 2001. 外国政府贷款新动向与利用方式探讨 . 对外经贸实务，(7)：5 ~ 9
庄起善，王健 . 2001. 入世后外资流入对中国农业经济融资体制的影响 . 世界经济文汇，(5)：26 ~ 28
邹益峰，韩永斌 . 1999. 试论建立中国海外投资保证制度 . 对外开放，(4)：20 ~ 23

Athukorala P, Menon J. 1995. Developing with foreign investment: Malaysia. Australian Economic Review, 17: 667 ~ 675

Aitken B J, Harrison A. 1999. Do domestic firms benefit from direct foreign investment? evidence from Venezuela. American Economic Review, 89: 605 ~ 618

Alvincz J. 1996. Privatization of food industry with special regard to the involvement of foreign capital. Bulletin Agrargazdasagi Kutato Intezet, 87: 9 ~ 21

Becvarova V, Svatos M. 1994. Systems for financing agriculture, and their support. Sbornik Praci z-vedecke Konference, 8: 388 ~ 392

Belik W. 1997. Changing patterns of state intervention in the Brazilian agroindustrial complex. Sociologia Ruralis, 37: 405 ~ 424

Christoffersen P, Hahn J, Inou A. 2001. Testing and comparing value-at-risk measures. Journal of Empirical Finance, 7 (8): 325 ~ 342

Chudobiecki J, Lis W. 1997. Problems of capital privatization of Polish timber industry enterprises. ISEODI'97 Economic Forum, 12: 49 ~ 53

Crane F G. 1984. Insurance Principles and Practices. New York: John Wiley & Sons Inc: 98 ~ 100

Dunning J. 2000. The eclectic paradigm as an envelope for economic and business theories of MNE activity. International Business Review, (9): 163 ~ 190

Groenewald J A, Watt J V G. 1996. The long-term effect of the 1992 financial policy on the farm sector. South African Journal of Agricultural Extension, 25: 12 ~ 17

Haddad M, Harrison A. 1993. Are there positive spillovers from direct foreign investment? evidence from panel data for Morocco. Journal of Development Economics, 1: 51 ~ 74

Hajdu I, Lakner Z, Szerdahelyi K. 1999. The transformation of Hungarian meat sector-lessons and experiences. Acta Agraria Kaposvariensis, 3: 325 ~ 333

Haynes J. 1895. Risk as an Economic Factor. Boston: Geo. H. Ellis Printer: 35 ~ 36

Jansen K. 1995. The macroeconomic effects of direct foreign investment: the case of Thailand. World Development, 2: 193 ~ 210

Jorion P. 1997. Value at Risk: The New Benchmark for Controlling Market Risk. Chicago: Irwin Professional Pub: 319 ~ 322

Menon J. 1992. Exchange rates and prices of Australian manufactured exports. Review of World Eco-

nomics

Naqvi S N H. 1992. Papers and proceedings：eighth annual general meeting of the Pakistan society of development economists. Pakistan Development Review，31：207

Roe T，Diao X. 2004. Capital accumulation and economic growth：the case of the retail food industry in developing countries. American Journal of Agricultural Economy，86(3)：788 ~ 794.

Siamwalla A. 1999. The impact of the bubble and crisis on Thai agriculture. Quarterly Journal of International Agriculture，38：4

Sommer U. 1997. The market for sugar in the Commonwealth of Independent States. Agrarwirtschaft，46：349 ~ 357

Sun H S. 1998. Foreign Investment and Economics Development in China，1979 – 1996. Surrey：Ashgate Publishing Company

Williams C A，Smith M L，Young P C. 1995. Risk Management and Insurance. 7th edition. New York：Mcgraw-Hill College：101 ~ 104

U0854138